Joshua Mills

Zeit und Ewigkeit

Joshua Mills

Zeit und Ewigkeit

Herrsche über deinen Tag!

GloryWorld-Medien

1. Auflage 2017

Bibelzitate sind, falls nicht anders gekennzeichnet, der Elberfelder Bibel, Revidierte Fassung von 1985, entnommen. Weitere Bibelübersetzungen:
NGÜ: Neue Genfer Übersetzung, 2009
NLB: „Neues Leben. Die Bibelübersetzung", Holzgerlingen, 2002
SLT: Schlachter 2000.

Das Buch folgt den Regeln der Deutschen Rechtschreibreform. Die Bibelzitate wurden diesen Rechtschreibregeln angepasst.

Übersetzung: Elisabeth Mühlberger
Lektorat/Satz: Manfred Mayer
Umschlaggestaltung: Kerstin & Karl Gerd Striepecke, www.vision-c.de
Foto: photocase
Druck: CPI books GmbH, Leck

Printed in Germany

ISBN: 978-3-95578-315-0

Bestellnummer: 356315

Erhältlich beim Verlag:

GloryWorld-Medien
Beit-Sahour-Str. 4
D-46509 Xanten
Tel.: 02801-9854003
Fax: 02801-9854004
info@gloryworld.de
www.gloryworld.de

oder in jeder Buchhandlung

Stimmen zum Buch

Viele Christen sind so wie ich und sagen ständig: „Ich habe nie genügend Zeit." Joshua Mills hat dieses überzeugende und bahnbrechende Buch geschrieben, um die Nachfolger Jesu herauszufordern zu lernen, Dinge im Glauben aus der Dimension der Ewigkeit zu holen, um dadurch jeden Tag im vollen Willen Gottes leben zu können. Joshuas Lehren spornen uns dazu an, sowohl praktisch als auch geistlich, über das Bekannte hinauszugehen und unsere Bestimmung zu erfüllen, indem wir die Zeit, die in diesen letzten Tagen so wertvoll ist, „erlösen". Dieses radikale Buch bringt eine ganz neue Perspektive in das derzeitige Verständnis von Zeichen und Wundern hinein. Lesen Sie es und lassen Sie sich vom Heiligen Geist bevollmächtigen, ihr Leben in einer ganz neuen Dimension zu führen.

Phil Whitehead
Hauptpastor des *Chiswick Christian Centre*
London, UK; www.chiswick.cc

Joshua Mills ist ein glaubwürdiger Mann Gottes. Sowohl in der Lehre als auch in der Praxis ist er absolut authentisch. Ich wurde durch das Buch *Zeit und Ewigkeit* sehr gesegnet und auch Ihnen wird es so ergehen. Joshua präsentiert die tiefe Offenbarung eines großen Geheimnisses des Königreiches Gottes und auf eine sehr klare, praktische und leicht verständliche Weise. Die Lektüre dieses Buches wird sicher einen großen Eindruck bei Ihnen hinterlassen.

Patricia King
XP Ministries, XPministries.org

Joshua Mills' neues Buch wird Sie auf ganz praktische Weise zurüsten, ein Leben jenseits der Beschränkungen der Zeit zu führen. Es wird Ihnen helfen, länger zu leben und mehr Frieden, mehr Gesundheit und größeren Wohlstand zu erleben. Noch wichtiger: Sie werden Ihre volle Bestimmung erreichen!

SID ROTH
Moderator von, „It's Supernatural!"; www.sidroth.org

Das Leben und die Kraft Gottes fließen unablässig und ewig von seinem Thron. Wir jedoch leben in begrenzten Zeitabschnitten. Wie können wir nun in die Dimension von Gottes Herrlichkeit gelangen? In *Zeit und Ewigkeit* offenbart uns Joshua Mills viele wertvolle Einblicke in Gottes Wege und zeigt einfache und praktische Schritte auf, wie wir unsere Zeit mit dem ewigen Leben Gottes vereinigen können. Wenn Sie diese Prinzipien umsetzen, werden Sie die Wege Gottes besser verstehen, viele Ziele Gottes für Ihr Leben erfüllen und den Wert Ihrer Zeit maximieren. Für dieses Buch sollten Sie sich unbedingt ZEIT nehmen.

JOAN HUNTER
Autorin von *Power To Heal* und *Healing The Whole Man*
www.joanhunter.org

Ich möchte Ihnen Joshuas Buch *Zeit und Ewigkeit* empfehlen. Es wird Ihr geistliches Leben sehr bereichern und Ihre Seele wird aufleben und ermutigt werden. Wir müssen verstehen, wie wir als Leib Christi in dieser Zeit echte göttliche Autorität ausleben können. Dieses Buch wird Ihnen helfen zu verstehen, wie Sie Ihren Platz einnehmen können, um das Königreich Gottes weiter voranzubringen.

BOBBY CONNER
Eagles View Ministries, Bullard, Texas
www.bobbyconner.org

Noch nie hat es in der ganzen Menschheitsgeschichte eine Zeit wie diese gegeben, in welcher der Herr seine Geheimnisse offenbart, während wir auf das Ende unseres Zeitalters zugehen. In *Zeit und Ewigkeit* hat Joshua Mills das Wesen und die Natur einer Offenbarung eingefangen, die der Herr gerade zu diesem Zeitpunkt offenlegen möchte. Jeder Leser, der sich nach der größeren Herrlichkeit des Herrn sehnt, wird dadurch noch mehr Klarheit erhalten und vollmächtiger werden!

PASTOR PETER NASH
Hauptpastor des *Frontline Worship Centre,*
Red Deer, Alberta; www.frontlineministries-int.com

In einer Zeit, in der immer mehr Christen mit Sorgen, Depressionen und Ängsten zu kämpfen haben und aufgrund allerlei Forderungen zeitlich unter Druck sind, bringt Joshua Mills ein frisches Wort von Gott, das uns lehrt, wie wir unsere Autorität ausüben und im Segen und Frieden leben können. Dieses Buch wird Ihr Leben verändern!

BILL PRANKARD
Evangelist, *Bill Prankard Evangelistic Association*
Ottawa, Ontario, Kanada; www.bpea.com

INHALT

Aus seiner Position der Ewigkeit heraus
hat der Herr die Zeit erschaffen
als eines seiner großen Geheimnisse,
damit sie seinen Zielen diene.
Allerdings ist Gott nicht an unsere menschliche
Begrenztheit und Wahrnehmung gebunden.

Vorwort von Paul Keith Davis

Seit vielen Jahren verfolge und schätze ich den Dienst von Joshua Mills. Er hat anhand verschiedener, ihm offenbarter Erkenntnisse und bedeutender Zeichen und Wunder demütig und aufrichtig die übernatürliche Dimension von Gottes Wesen bekanntgemacht. Vor Kurzem, auf einer Konferenz, hörte ich Joshua über die phänomenalen Geheimnisse des Reiches Gottes im Hinblick auf „Zeit und Ewigkeit" sprechen. Was er sagte, stieß in mir auf eine vom Heiligen Geist gewirkte Resonanz. Mir war klar, dass dies grundlegende biblische Prinzipien waren, die für unsere Zeit unentbehrlich sind.

Jemand sagte einmal, dass Gott in der Ewigkeit wohnt; vielleicht wäre es angebrachter zu bemerken, dass die Ewigkeit in ihm wohnt. Aus seiner Position der Ewigkeit heraus hat der Herr die Zeit erschaffen als eines seiner großen Geheimnisse, damit sie seinen Zielen diene. Allerdings ist Gott nicht an unsere menschliche Begrenztheit und Wahrnehmung gebunden. Stattdessen werden wir durch seine ewigen Eigenschaften, zu denen wir aufgrund seiner Verheißungen und seines Wesens Zugang haben, erweitert und gedehnt.

Albert Einstein, einer der größten Wissenschaftler der jüngsten Geschichte, wird folgendermaßen zitiert: „Zeit existiert, um zu verhindern, dass alles auf einmal passiert." Andere definieren Zeit als das von Gott geschaffene Existenzkontinuum, durch das unsere Zukunft zunächst zu unserer Gegenwart wird und dann zu unserer Vergangenheit.

Egal, welche Definition wir vorziehen, gilt: Gott hat die Zeit für seine Zwecke erschaffen, um sich selbst und seine ewigen Eigenschaften der Menschheit zu offenbaren. Wie bei seiner gesamten Schöpfung hat der Herr auch Gesetze geschaffen, die über Zeit und Existenz herrschen. Doch sind diese Gesetze seiner Herrschaft, seinem Willen und Wollen untergeordnet.

Wie verheißen, lässt Gott in unserer Zeit christliche Werke entstehen, welche die verborgenen Geheimnisse aufdecken, die für die „Endzeit-Generation" aufgehoben wurden. Er vertraut dazu den derzeitigen prophetischen Stimmen, wie Joshua Mills, eine reine „Offenbarungssalbung" an. Diese werden die Braut Christi in die „größeren Werke" und ins Unsichtbare hineinführen, welches das Raum- und Zeitkontinuum übersteigt.

Diese Wahrheit wurde schon angedeutet, als Israel unter Gottes Bundessegnungen aus der ägyptischen Gefangenschaft auszog. Als sie unter der Wolke seiner Herrlichkeit und dem Feuer seiner Gegenwart lebten, schien es, als wären die natürlichen Auswirkungen der Zeit aufgehoben worden. In der Bibel heißt es, dass es nicht eine einzige schwächliche Person unter ihnen gab. Außerdem waren weder ihre Kleidung noch ihre Sandalen verschlissen; und von Mose heißt es, dass weder seine Augen schwach wurden noch seine Kraft abgenommen hatte, als er 120 Jahre alt war. Die natürlichen Auswirkungen der Zeit wurden durch Gottes Herrlichkeit aufgehoben.

Ich hatte einmal eine Offenbarung, in der ich den Herrn Jesus in einiger Entfernung stehen sah und er ein Lineal bzw. eine Messlatte in der Hand hielt. Er blickte aufmerksam darauf und ich fragte ihn: „Herr, was ist das?" Ohne seine Aufmerksamkeit vom Lineal abzuwenden, antwortete er: „Zeit, denn die Zeit ist abgemessen."

In diesem Moment wusste ich intuitiv, dass er von seinem ewigen Blickwinkel aus alle Zeit als gleichzeitig betrachtete. Ich erkannte außerdem, dass Zeit ein Werkzeug in seiner Hand ist, damit sich seine Pläne, Absichten und Vorhaben entfalten könnten. Darüber hinaus kam ich zur Erkenntnis, dass jeder von uns strategisch genau zum richtigen Zeitpunkt in der Geschichte lebt und eine spezifische Funktion und Bestimmung hat. Der Apostel Paulus betonte dies in Apostelgeschichte 17,26 (NeÜ): ***„Aus einem einzigen Menschen hat er alle Völker hervorgehen lassen. Er wollte, dass sie die Erde***

bewohnen, er bestimmte die Zeit ihres Bestehens und die Grenzen ihres Gebietes."

Mehrfach hat der Herr mit mir nachdrücklich über seine beschleunigende Kraft und die wunderbaren Verheißungen für die Zeit des Spätregens gesprochen. Diese Verheißungen werden die Helden der Armee der letzten Tage ergreifen und demonstrieren. Deshalb war ich in besonderer Weise an den Offenbarungen interessiert, über die Joshua Mills bezüglich „Zeit und Ewigkeit" sprach, und dass Gott die Zeit in unserer Generation erlösen und wiederherstellen will. Ich habe erkannt, dass ihm äußerst wichtige Geheimnisse anvertraut wurden und dass seine Botschaft diese Generation in ihre hohe Berufung und letztendliche Bestimmung führen wird.

Vor einigen Jahren war ich in Dallas, Texas, und predigte in einer großen Gemeinde über den Dienst und die Salbung von *El Shaddai*. Ich sprach darüber, dass Gott in 1 Mose 17,1 Abraham zuerst unter diesem Namen erschienen war. In meiner Botschaft zitierte ich die Definition dieses göttlichen Namens als der „All-Genügsame; der Viel-Brüstige", wie ich es in den Wörterbüchern gelesen hatte. Zufällig war bei diesem Treffen ein Professor für Hebräisch anwesend. Er kam nach dem Treffen auf mich zu und fragte: „Darf ich Ihnen in Ihrem Verständnis von *El Shaddai* etwas behilflich sein?"

Er sagte: „Was Sie über *El Shaddai* erzählt haben, ist nicht falsch, sondern lediglich unvollständig. Die eigentliche Definition von *El Shaddai* ist: ‚Ich bin der Gott des vollkommenen Ruins und der vollkommenen Zerstörung, und ich bin hier, um das für dich zu tun, was du alleine nicht tun kannst.'"

Obwohl ich das Verständnis, das uns viele Autoren bezüglich der Definition von *El Shaddai* als den „All-Genügsamen; den Viel-Brüstigen", gegeben haben, schätze, müssen wir auch das in Betracht ziehen, was viele jüdische Autoren in Bezug auf diese göttliche Eigenschaft festgestellt haben. Es ist viel weitreichender, als es unser gegenwärtiges Verständnis zulässt. Wie ein jüdischer Gelehrter es ausdrückte: „Er [der Name El Shaddai] gehörte in den Kontext der Errettung und war einer der Aspekte, wie sich Jehova offenbarte. Es beschreibt den Bundesgott Jehova als einen, der die Macht hat, seine Verheißungen zu verwirklichen, selbst wenn es mittels der Kräfte der Natur und aufgrund der Naturgesetze nicht möglich war. Der Name, den Jehova sich selbst gab, hatte deshalb die Bedeutung eines göttlichen Garanten oder Bürgen."[1]

Wie vollkommen und zutreffend ist diese Definition für Abrahams Lebensumstände, als er diese Begegnung mit Gott hatte. Dem Patriarchen und Sara war gerade ein Sohn verheißen worden; allerdings war Abraham hundert Jahre alt, als der Herr ihm als *El Shaddai* erschien. Wie Paulus uns in Römer 4 sagt, war sein Leib so gut wie tot und auch Saras Leib nicht mehr fruchtbar.

Abraham war damals nicht mehr in der Lage, die Verheißungen in seiner eigenen Kraft zu erfüllen. Gott tat für ihn, was er selbst nicht tun konnte. Er belebte Abrahams und Saras sterbliche Körper und gab ihnen durch den Bundessegen ihre Jugend wieder zurück und ihre Namen wurden dementsprechend geändert. *El Shaddai* machte die Auswirkungen der Zeit auf ihre natürlichen Körper wieder rückgängig, damit seine Verheißungen erfüllt werden konnten:

> *Abraham und Sara aber waren alt, hochbetagt; es erging Sara nicht mehr nach der Frauen Weise. Und Sara lachte in ihrem Innern und sagte: Nachdem ich alt geworden bin, sollte ich noch Liebeslust haben? Und auch mein Herr ist ja alt! Da sprach der HERR zu Abraham: Warum hat Sara denn gelacht und gesagt: Sollte ich wirklich noch gebären, da ich doch alt bin? Sollte für den HERRN eine Sache zu wunderbar sein? Zur bestimmten Zeit komme ich wieder zu dir, übers Jahr um diese Zeit, dann hat Sara einen Sohn* (1 Mose 18,11-14).

[1] C. F. Keil, *Commentary on the Old Testament, Vol. 1* (Grand Rapids: Wm. B. Eerdmans Publishing Company, 1978), p. 223. Direkt aus dem Engl. Anmerk. d. Übers.

Kurz nach diesem Segen reiste Abraham in ein südlich gelegenes Land, das von einem König namens Abimelech regiert wurde. Dieser König machte von seinem königlichen Recht Gebrauch, schöne Frauen als Konkubinen in sein Harem zu holen. Nun steckte Abraham in demselben Dilemma wie ungefähr fünfundzwanzig Jahre vorher in 1 Mose 12. Saras außergewöhnliche Schönheit wurde zu einer Gefahr für seine Sicherheit, also log er und behauptete, sie sei seine Schwester. Gottes Eifer für seine Verheißung verhinderte, dass sich der König Sara näherte.

Wie kam es, dass Sara nun so schön sein konnte, wenn es vorher geheißen hatte, dass sie im fortgeschrittenen Alter und nunmehr Neunzig war? Gottes belebende Kraft hatte ihre Schönheit wiederhergestellt und die natürlichen Auswirkungen der Zeit aufgehoben. Er hatte ihre Jugend wiederhergestellt!

Überdies entdecken wir auch, dass Abraham in den späten Jahren seines Lebens, nach dem Tod Saras, Keturah heiratete. Nun war er annähernd 140 Jahre alt und wurde durch sie Vater von sechs Söhnen. Abraham und Sara wurden durch den Segen *El Shaddais* eindeutig in einen jugendlichen Zustand zurückversetzt, damit diese gewaltigen Segnungen geschehen konnten, welche andernfalls durch ihr natürliches Alter verhindert worden wären.

Wenn solch wunderbare Dinge in einem untergeordneten Bund, der mit dem Blut von Stieren und Böcken besiegelt wurde, geschehen konnten, wie viel mehr werden die Bundessegnungen, die mit dem Blut Jesu besiegelt wurden, dies bewirken. Genau dies will uns Joshua Mills in seinem Buch *Zeit und Ewigkeit* offenbaren.

Mein Gebet ist, dass Ihr Herz bewegt und Ihre Augen erleuchtet werden, was die Realität der Ewigkeit und die Bereitschaft des Herrn, die Zeit für seine Zwecke zu erlösen, wiederherzustellen und übernatürlich zu nutzen, angeht.

Paul Keith Davis
White Dove Ministries
Foley, Alabama (USA)

Wenn Sie ihn suchen, werden Sie ihn finden
und wenn Sie ihn gefunden haben,
werden sich die Wohltaten der Herrlichkeit
in Ihrem Leben zu manifestieren beginnen.

Einleitung

Geistlich gesehen bewegen wir uns mit Lichtgeschwindigkeit. Ihr *Beschleunigungsvermögen* wird immer durch Ihre *Erleuchtung* bestimmt – immer. Und Offenbarung steht immer zur Verfügung.

In der Bibel steht, dass Jesus Christus das Licht der Welt ist (Joh 8,12). Der Himmel benötigt weder das Licht der Sonne noch des Mondes, da er das Licht Jesu Christi hat. Der Himmel wird durch die Ausstrahlung seiner Herrlichkeit erleuchtet (Offb 21,23-24). Weil Jesus ständig scheint, ist auch Offenbarung immer gegenwärtig. Im himmlischen Raum gibt es eine ständige Erleuchtung, die bewirkt, dass jederzeit Offenbarung hervorströmt. Man muss allerdings bereit sein, diese zu empfangen. Offenbarung erhalten wir nur, wenn wir leidenschaftlich danach streben.

Wenn wir Offenbarung empfangen, müssen wir aktiv werden und mit dieser Erleuchtung kooperieren, damit sie in unserem Leben konkrete Auswirkungen hat. Sind Sie bereit, etwas Neues zu manifestieren? Dann sollten Sie aus der Dimension des Himmels schöpfen, damit Sie eine neue Offenbarung bekommen, die in Ihrem Leben einen Segen hervorbringen wird. Ohne den leisesten Zweifel kann ich Ihnen versichern, dass sie einen Segen hervorbringen wird. In meinem Leben hat es bereits funktioniert. Ich habe schon mehrmals erlebt, dass dadurch Türen geöffnet wurden, wie ich es im Traum nicht für möglich gehalten habe.

Ich glaube, dass der Heilige Geist schon jetzt, während Sie die Offenbarungen auf diesen Seiten lesen, in Ihnen zu wirken beginnt. Sie werden es in Ihrem Geist spüren. Sie werden vielleicht etwas lesen, was Sie zwar schon in Ihrem Geist wussten, aber noch nie verbal ausdrücken bzw. nicht biblisch begründen konnten. Innerlich war es schon da, Sie wussten es, konnten es aber nie erklären oder wussten nicht, wie Sie damit umgehen sollten. Dieses Wort wird Ihr Herz hüpfen lassen und Ihr Geist wird es bezeugen. In der Bibel steht: ***„Durch die Aussage von zwei oder drei Zeugen wird jede Sache festgestellt“*** (5 Mose 19,15; 2 Kor 13,1 NeÜ), und deshalb glaube ich, dass Gott Ihnen bestätigen wird, was ich schreibe.

> *Wenn aber jener, der Geist der Wahrheit, gekommen ist, wird er euch in die ganze Wahrheit leiten* (Joh 16,13).

Überlassen Sie es ihm. Bitten Sie den Heiligen Geist um Klarheit und Offenbarung in Bezug auf das, was er gerade sagt. Ich kann Ihnen Folgendes sagen: Wenn Gott Ihnen etwas offenbart, dann zu dem Zweck, dass diese Offenbarung Sie auf eine höhere Ebene mit Gott bringt. Jede einzelne Offenbarung Gottes hat das Ziel, Sie weiter emporzuheben als zuvor.

Sie reisen mit Lichtgeschwindigkeit

Wussten Sie, dass Sie mit Lichtgeschwindigkeit reisen? Prägen Sie sich dies in Ihrem Geist ein: Sie reisen mit Lichtgeschwindigkeit, genauer gesagt, mit Offenbarungsgeschwindigkeit.

Sie reisen mit Lichtgeschwindigkeit, genauer gesagt, mit Offenbarungsgeschwindigkeit.

In der Bibel steht, dass wir von einer Stufe der Herrlichkeit zur nächsten gehen. Gott möchte Sie nicht nach unten ziehen, sondern hochheben. Wenn Sie eine angebliche Offenbarung bekommen und dann erleben, dass Sie Rückschritte im Herrn machen, dann ist es keine richtige Offenbarung, keine Offenbarung von Gott. Wenn Sie aber eine Offenbarung von Gott empfangen, empfangen Sie eine wahre, echte Offenbarung vom Heiligen Geist, die Sie über Ihre natürlichen Fähigkeiten bzw. Ihr natürliches Verständnis hinaus vorwärtsbringen sollte. Sie sollte in Ihnen einen Hunger nach dem Wort Gottes entfachen. Sie werden einen Drang spüren, Gottes Gegenwart zu suchen, mehr Zeit mit ihm zu verbringen und sein Angesicht zu suchen. Wenn Sie ihn suchen, werden Sie ihn finden, und wenn Sie ihn gefunden haben, werden sich die Segnungen der Herrlichkeit in Ihrem Leben zeigen.

Ich möchte Sie auf diesen Seiten zu einem Ort mitnehmen, und zwar in die Dimension des Geistes hinein. Jedes Mal, wenn sich die Herrlichkeit Gottes zeigt, will sie uns irgendwohin mitnehmen. Die Herrlichkeit Gottes kommt nie, damit wir dort bleiben, wo wir immer waren; sie kommt vielmehr, um uns auf die nächste Ebene zu bringen.

Die Herrlichkeit Gottes kommt jedes Mal in unsere Gegenwart, um die Atmosphäre um uns herum und unsere Wahrnehmung zu verändern. Die Herrlichkeit Gottes kommt immer, um uns weiterzubewegen. Als die Wolke der Herrlichkeit auf das Volk Israel kam, zog sie vor ihnen her, damit das Volk sich mit der Wolke bewegte. In der Bibel steht, dass die Israeliten der Wolke folgten und die Wolke sie leitete. Die Herrlichkeit bewegte sich ständig weiter. Und manchmal ließ sie sich zu einem bestimmten Zweck an einem Ort nieder. Und wenn die Wolke über Ihnen schwebte, empfingen die Israeliten dort etwas aus der Wolke.

Wenn die Herrlichkeit kommt, lässt sie einen jedoch nie im Mangel zurück. Sie lässt einen nie im Zustand des Schmerzes, der Trauer oder der Unfruchtbarkeit zurück. Wenn die Herrlichkeitswolke kommt, kommt sie immer, damit wir noch fruchtbarer werden als je zuvor. Wir gehen in die Dimension der Ewigkeit hinein, in der die Zeit uns nicht länger bremsen kann.

Erwarten Sie während der Lektüre dieses Buches eine radikale Transformation. Auf diesen Seiten werden sich Ihnen neue Dimensionen von Herrlichkeit eröffnen, wenn die ewigen Wahrheiten des Wortes Gottes auf eine neue Weise lebendig werden. Machen Sie sich bereit, denn Gott ist dabei, etwas Herrliches in Ihnen, für Sie und durch Sie zu tun!

Kapitel 1

Wie wir unsere Zeit auskaufen

So lehre uns doch, unsere Tage zu zählen, dass Weisheit in unser Herz einzieht (Psalm 90,12 NeÜ).

Zwischen dem, das Beste aus Ihrer Zeit zu machen, und ihrer wachsenden Offenbarung über den Himmel besteht ein Zusammenhang. Beunruhigt Sie dies? Vielleicht haben Sie schon immer mit der Zeit gekämpft. Sie fühlen sich vielleicht bereits geschlagen, deshalb macht Ihnen der Gedanke, dass Ihre Offenbarung über den Himmel irgendwie mit Ihren Fähigkeiten von Zeitmanagement verknüpft ist, Angst.

Jemand sagte einmal: „Unsere Tage sind wie identische Koffer. Sie sind gleich groß, aber manche Leute können mehr in sie hineinpacken als andere." Geht es Ihnen manchmal auch so? Haben Sie Ihr Leben schon einmal mit dem Leben anderer verglichen und sich gewundert, wieso diese so viel erreicht haben, während Sie sich anstrengen können, wie Sie wollen, und im Vergleich dazu so wenig erreichen? Wenn diese Beschreibung auf Sie zutrifft, dann habe ich eine gute Nachricht für Sie.

Sie müssen nicht länger mit dem Zustand leben, dass Ihr Koffer schon immer so gepackt wurde. Es gibt einen Weg, wie viel mehr Segen darin Platz hat! Ja, Sie haben richtig gelesen. Sie müssen nicht länger mit den begrenzten Ressourcen leben, die ihr Leben bisher geprägt haben. Was ist das Entscheidende, damit Sie mehr in Ihren Koffer packen können? Die Ewigkeit. Die Ewigkeit ist entscheidend, damit Ihre Tage verlängert werden, Ihre Produktivität gesteigert wird und Sie tiefe Freude erleben können und fähig werden, das Leben so zu genießen, wie Gott es gemeint hat.

Durch die Schrift hindurch sehen wir, dass manche unserer Vorfahren gelernt haben, wie sie die Grenzen der Zeit durchbrechen konnten. Möchten Sie lernen, wie Sie die einschränkenden Hindernisse, die Sie jahrelang behindert haben, beseitigen und ein Leben beginnen können, in dem Sie mehr Zeit zur Verfügung haben?

Wenn Ihre Antwort darauf „Ja" lautet, dann werde ich Ihnen zeigen, wie es geht. Das Wort Gottes enthält Offenbarungen, die Ihre Produktivität steigern, Ihre Frucht mehren, Ihren Wirkungskreis erweitern und Sie über alle Maßen hinaus segnen werden!

Zeit ist ein Werkzeug!

Wir müssen verstehen, dass Gott die Zeit für uns als Werkzeug geschaffen hat. Die Zeit sollte nicht gegen uns arbeiten bzw. uns in irgendeiner Weise behindern, da Gott die Zeit erschuf, damit sie für uns arbeitet. In Sprüche 11,9b heißt es:

Durch Erkenntnis werden die Gerechten befreit.

Also wollen wir Gottes Offenbarung über dieses äußerst wichtige Werkzeug empfangen, das er geschaffen hat.

Die Zeit sollte nicht gegen uns arbeiten bzw. uns in irgendeiner Weise behindern, da Gott die Zeit erschuf, damit sie für uns arbeitet.

Haben Sie jemals Folgendes gesagt:

- „Ich habe nicht genug Zeit."
- „Ich brauche mehr Zeit."
- „Die Zeit läuft mir davon."

- „Ich wünschte, ich hätte noch einen Tag zur Verfügung, um daran zu arbeiten."
- „Wenn nur die Zeit mal stillstehen würde."
- „Die Zeit scheint zu verfliegen."

Als ich merkte, dass ich alle diese Dinge selbst sagte, begann der Herr mit mir über die Zeit zu sprechen. Die Anforderungen an meinen Dienst sind vielfältig. Ich bin auf der ganzen Welt unterwegs und habe als Gastsprecher einen vollen Terminkalender. Allein im vergangenen Jahr veranstalteten wir neun verschiedene Dienstschulen an verschiedenen Orten rund um den Globus. Ich bin überall herumgereist: von Vancouver nach Hawaii, dann nach Bangkok und nach Colombo (Sri Lanka). Im vergangenen Jahr habe ich mehr als 15 Nationen besucht. Ich war auch in Australien, wo ich fast einen ganzen Monat lang gedient habe. Wenn wir in verschiedenen Nationen unterwegs sind, verbringen wir nicht nur ein paar Tage dort, sondern oft ganze Wochen oder mehr.

Trotz alledem konnte ich in den letzten zwei Jahren siebzehn Bücher und Handbücher, sowie viele Traktate und Lehrmaterialien schreiben. Außerdem verbrachte ich noch Zeit im Musikstudio, um eine neue Anbetungs-CD aufzunehmen. Nachdem ich im letzten Jahr so viel erreicht hatte, schaute ich zurück und sagte: „Gott, wie hätte ich all das tun können, wenn du mir nicht Offenbarung über die Zeit gegeben hättest?"

Gott erschuf die Zeit zu unserem Wohl

In 1 Mose 1,14-18 (SLT) steht:

> *Und Gott sprach: Es sollen Lichter an der Himmelsausdehnung sein, zur Unterscheidung von Tag und Nacht, die sollen als Zeichen dienen und zur Bestimmung der Zeiten und der Tage und Jahre, und als Leuchten an der Himmelsausdehnung, dass sie die Erde beleuchten! Und es geschah so. Und Gott machte die zwei großen Lichter, das große Licht*

> *zur Beherrschung des Tages und das kleinere Licht zur Beherrschung der Nacht; dazu die Sterne. Und Gott setzte sie an die Himmelsausdehnung, damit sie die Erde beleuchten und den Tag und die Nacht beherrschen und Licht und Finsternis scheiden. Und Gott sah, dass es gut war.*

Der Herr machte die Lichter am Himmel – die Sonne, den Mond und die Sterne. Warum? Um den Tag von der Nacht zu scheiden. Gott erschuf Tag und Nacht. Diese Lichter sollten auch ***„als Zeichen dienen und zur Bestimmung der Zeiten und der Tage und Jahre“.*** Hier sehen wir also auch, dass diese Lichter nicht nur als Zeitbestimmung für Tag und Nacht, sondern auch als Kalender dienten. Gott erstellte am vierten Tag der Schöpfung einen vollständigen Kalender.

Vers 18 erklärt, warum die Lichter am Himmel waren: um den Tag und die Nacht zu beherrschen, um das Licht von der Finsternis zu trennen. Und Gott sah, dass es gut war.

In Psalm 8,4-5 sprach David über die Schöpfung:

> *Wenn ich anschaue deinen Himmel, deiner Finger Werk, den Mond und die Sterne, die du bereitet hast: Was ist der Mensch, dass du seiner gedenkst, und des Menschen Sohn, dass du dich um ihn kümmerst?*

David will damit ausdrücken: „Verglichen mit den großen Lichtern, die die Zeit beherrschen, wer bin ich, dass du an mich denkst?“ Er hört hier jedoch nicht auf. Die Verse 5-8 lauten:

> *Denn du hast ihn wenig geringer gemacht als Engel, mit Herrlichkeit und Pracht krönst du ihn. Du machst ihn zum Herrscher über die Werke deiner Hände; alles hast du unter seine Füße gestellt: Schafe und Rinder allesamt und auch die Tiere des Feldes, Vögel des Himmels und Fische des Meeres, was die Pfade der Meere durchzieht.*

Lesen Sie nochmals: ***„Du machst ihn zum Herrscher über die Werke deiner Hände.“*** Mit anderen Worten: „Du hast dem

Menschen die Herrschaft über die Werke deiner Hände gegeben." David machte damit sehr deutlich, dass Gott dem Menschen die Herrschaft und die Autorität über die ganze Schöpfung gegeben hatte. Vom Anfang der Bibel an können wir sehen, dass Zeit etwas ist, was Gott am vierten Tag geschaffen hat. Es ist wichtig zu verstehen, dass die Zeit einen Anfang und ein Ende hat (Vgl. Mt 24,35; Mk 13,31; Lk 21,33). Im Buch der Offenbarung spricht die Bibel sogar über das Ende der „Zeitachse" (vgl. Offb 21,4). Zeit ist eine geschaffene „Substanz" und durch Jesus Christus hat Gott uns die Herrschaft darüber gegeben.

Jesus stellte die verlorene Herrschaft über die Zeit wieder her

Als Gott sprach: „Es war gut", sprach er über seine Schöpfung und alles war paradiesisch. Mann und Frau hatten die Herrschaft über alles, was Gott geschaffen hatte. Adams und Evas Sünde trennte sie jedoch von Gott und der Herrschaftsposition, die er ihnen anvertraut hatte.

Jesus Christus kam als zweiter Adam (Vgl. 1 Kor 15,47). Warum? Um uns das wiederzugeben, was uns am Anfang rechtmäßig gehört hatte – die richtige Beziehung zu Gott, zu anderen Menschen und zur Erde, die er geschaffen hatte. Nachdem Jesus Sünde und Tod überwunden hatte, sagte er:

> *Mir ist alle Macht gegeben im Himmel und auf Erden* (Mt 28,18).

Macht über was? Über die ganze Schöpfung, was die Zeit miteinschließt.

Gott erschuf physische Dinge – Sonne, Mond und Sterne –, um dadurch die Zeit zu erschaffen. Gott erschuf die Zeit am Anfang. Er schuf sie als ein Werkzeug für uns, das wir benutzen sollten, nicht als eine Waffe gegen uns. Dennoch haben viele von uns das Gefühl, die Zeit arbeite gegen uns. Die Uhr tickt gegen uns. Ständig kämpfen wir mit der Zeit. In der Bibel steht jedoch, dass Gott Ihnen die Herrschaft über seine Schöpfung und über jedes geschaffene Ding gegeben hat. Alles ist seinen Füßen unterworfen (Eph 2,6; 1,22) und dies beinhaltet auch die Dimension der Zeit.

Gott hat Ihnen die Herrschaft über seine Schöpfung und über jedes geschaffene Ding gegeben. Alles hat er Ihren Füßen unterworfen und dies beinhaltet auch die Dimension der Zeit.

In der Ewigkeit gibt es keine Zeitenwechsel

Gott wohnt in der Dimension der Ewigkeit und ist nicht durch die Zeit gebunden. Er existiert im selben Moment in Ihrer Vergangenheit, Ihrer Gegenwart und in Ihrer Zukunft. Nach Offenbarung 22,13 ist er das Alpha und das Omega – der Anfang und das Ende. Er hat immer schon existiert, von Ewigkeit zu Ewigkeit. In der himmlischen Dimension gibt es weder Tag noch Nacht, nur die Ewigkeit. Und die Ewigkeit ist die Dimension andauernder Erleuchtung und des fortwährenden Lebens.

Die Ewigkeit war schon immer und wird immer da sein. Gott bringt nun die ewige Vergangenheit und ewige Zukunft in die Gegenwart. Die Dimension der Ewigkeit bleibt konstant. Es gibt keine Hochs und Tiefs, keine guten und schlechten Zeiten, da es keine Zeit gibt. Die Ewigkeit ist eine gleichbleibende Dimension der Güte, des Segens, der Versorgung und der Heiligkeit. Sie ist eine konstante Dimension von Wundern, Gesundheit, Wohlstand und der Herrlichkeit Gottes. Die Dimension der Ewigkeit bleibt immer gleich!

Während einer Gebetszeit sprach der Herr kürzlich zu mir: „Joshua, ich lade dich ein, aus deiner momentanen Zeit in eine neue Dimension hineinzugehen." Er sagte nicht: „Ich lade dich in eine andere Zeit ein." Er sagte: „Joshua, ich lade dich ein, aus deiner momentanen Zeit in eine neue Dimension hineinzugehen." Sehen Sie, viele von uns durchleben bestimmte Zeiten. Wir haben gute Zeiten und schlechte Zeiten, Zeiten des Überflusses und Zeiten des Mangels. Wir haben Zeiten des Wohlstandes und Zeiten der Armut, Zeiten der Gesundheit und Zeiten der Krankheit. Wir haben Zeiten, in denen wir uns auf dem Gipfel der Berge fühlen, und andere, in denen wir uns im tiefsten Tal fühlen. Wir haben Zeiten mit vielen Freunden und Zeiten, in denen wir keinen Freund finden. Zu manchen Zeiten fühlen wir uns von allen geliebt und zu anderen Zeiten extrem einsam und die Depression versucht, Besitz von uns zu ergreifen.

Aber in der Dimension der Herrlichkeit gibt es keine Zeiten. Die Dimension der Herrlichkeit ist eine gleichbleibende Dimension der Güte. Einige mögen vielleicht einwenden, dass die Bibel sagt, wir sollten die Zeiten beurteilen; in 1 Chronik 12,32 steht, dass die Söhne Issachar die Zeiten zu beurteilen wussten. Erkennen Sie, dass dies im Alten Testament steht? Sie hatten den Heiligen Geist nicht, der in ihnen lebte. Aber wir haben ihn – die schiere Essenz seiner andauernden Gegenwart, Jesus Christus, die Hoffnung der Herrlichkeit, die Hoffnung der Ewigkeit.

Wir müssen uns in Acht nehmen, dass wir dem Feind nicht die Tür öffnen, einfach weil wir einen seiner Angriffe als einen „anderen Lebensabschnitt" sehen. Was hat Jesus gebetet?

> *Dein Reich komme; dein Wille geschehe, wie im Himmel, so auch auf Erden!* (Mt 6,10).

Wird die Erde bestimmte Zeiten erleben? Gewiss. Müssen Sie Teil dieser Zeiten sein? Gewiss nicht.

Wird die Erde bestimmte Zeiten erleben? Gewiss. Müssen Sie Teil dieser Zeiten sein? Gewiss nicht.

Treten Sie in die ewige Dimension von Gottes Güte und Herrlichkeit ein

Dies ist eine überwältigende Offenbarung. In der Bibel steht, dass Sie in der Welt leben, aber nicht Teil von ihr sein müssen. Dies bedeutet, dass Sie nicht der Instabilität, der Widersprüchlichkeit, den Hochs und Tiefs und den Achterbahnfahrten des Lebens ausgeliefert sind – sich einen Tag großartig und am nächsten so fühlen müssen, als wollten Sie sterben. Sie können in dieser Welt leben, müssen jedoch nicht wie die Welt leben.

Wenn alle anderen schreien: ***„Die Wirtschaft bricht zusammen, wir sind am Rande einer Rezession. Ich werde gleich depressiv."*** Ich nicht. In Philipper 4,19 steht: ***„Mein Gott wird ... ausfüllen ..."*** Ganz egal, ob ich einen guten oder schlechten Tag habe, ob Sie nett zu mir waren oder nicht. Ich werde versorgt werden; für mich wird gesorgt werden. In Gott erfahre ich einen konstanten Segensfluss.

In der Dimension der Herrlichkeit gibt es einen beständigen Raum der Güte. Diesen *empfange* ich, denn es ist der Raum, den ich *wahrnehme*. Was immer Sie wahrnehmen, werden Sie bekommen. Wenn Sie Gutes sehen, werden Sie es bekommen. Wenn alles, was Sie sehen, Armut ist, werden Sie genau das bekommen. Deshalb heißt es in der Bibel, dass wir darauf achten sollen, was wir anschauen. Wenn Ihre Augen mit Licht erfüllt sind, wird Ihr ganzer Körper vom Licht erfasst werden. Wenn Ihre Augen trübe und mit Dunkelheit erfüllt sind, dann wird sich diese in Ihr Leben schleichen (vgl. Mt 6,22-23).

Eines kann ich Ihnen sagen: Gott möchte nicht, dass Sie Zeiten der Verzweiflung, Wüstenzeiten, Zeiten der Einsamkeit, Zeiten der Angst oder Zeiten der Depression erleben. Es gibt einen besseren Weg für Sie. Gott lädt Sie aus Ihrer Zeit heraus in eine neue Dimension ein. Diese Dimension ist die ewige Herrlichkeit Gottes – der ewige Raum von Gottes Güte.

Einige mögen vielleicht sagen: „Nun, wir haben nicht genügend Zeit, damit dies alles geschehen kann." Sie haben Recht, die haben Sie nicht. Es wird nie genug Zeit geben, damit Sie das tun können, wozu Sie berufen sind. Gott bittet Sie jedoch nicht, aus der Dimension der Zeit heraus zu leben. Er möchte, dass Sie in eine neue Dimension emporsteigen und anfangen, als Botschafter des Himmels zu leben. In der Bibel steht, dass Sie Bürger einer anderen Dimension sind (Phil 3,20), eines Ortes, der nicht von der Zeit beherrscht wird. Alles, was Sie brauchen, ist in dieser Dimension verfügbar und Sie können in dieser Dimension leben, um eine andere freizusetzen. Sie können in der Zeit leben und dennoch Teil der Ewigkeit sein. In der Ewigkeit können Dinge geschehen, die im natürlichen Raum nie geschehen könnten. Deshalb steht in Markus 19,26: ***„Mit Gott sind alle Dinge möglich.“***

Gott bittet Sie nicht, aus der Dimension der Zeit heraus zu leben. Er möchte, dass Sie in eine neue Dimension emporsteigen und anfangen, als Botschafter des Himmels zu leben.

Wenn Zeit Wasser in einem Glas wäre, wäre sie wie ein umgekipptes Glas. Die Zeit läuft aus. Wir nähern uns dem Ende der Zeit. Die Zeit läuft aus, aber die Ewigkeit fließt hinein. Zurzeit findet eine Kollision zweier Dimensionen statt – der Dimension der Ewigkeit und der Dimension der Zeit. Aus diesem Grund tut Gott, wenn wir uns in seinem Namen und in der Gegenwart des Heiligen Geistes versammeln, Dinge, die in der Zeit niemals geschehen könnten. Plötzlich beginnt Gott Wunder zu tun, welche die Zeit für unmöglich erklärt. Hören Sie auf damit, auf die Zeit zu schauen, um etwas zu bekommen, das nur Gott geben kann.

Egal, ob Sie nur noch einen Tag zu leben haben oder hundert Jahre, hören Sie auf, sich Sorgen über die Zeit zu machen und fangen Sie an, in die Dimension der Ewigkeit hochzusteigen. Zeit ist ein Werkzeug, das Gott Ihnen gegeben hat, um Ihnen dabei zu helfen, jene Realitäten zu manifestieren, die aus der Ewigkeit kommen. In der Herrlichkeit werden Sie Erfolg haben. Es kommt nicht darauf an, was Ihnen fehlt. Gott hat bereits für alle Ihre Nöte Vorsorge getroffen (Phil 4,19). In der Dimension der Ewigkeit ist für jede Not schon gesorgt – nun kommt es darauf an, es in die Zeit hineinzubringen.

Übernatürliches Zeitmanagement

In Epheser 5,15-16 (NGÜ) steht:

> *Gebt also sorgfältig darauf Acht, wie ihr lebt! Verhaltet euch nicht wie unverständige Leute, sondern verhaltet euch klug. Macht den bestmöglichen Gebrauch von eurer Zeit, gerade weil wir in einer schlimmen Zeit leben.*

Übernatürliches Zeitmanagement fängt mit natürlicher Verantwortung an. Viele Leute verschwenden die Zeit einfach, weil sie die simplen Werkzeuge nicht kennen, die sie bei der Erfüllung ihrer Aufgaben effektiver machen könnten. Ich möchte Ihnen einige praktische Hilfen zum Zeitmanagement geben, die mir geholfen haben, verantwortlich mit meiner Zeit umzugehen. Es sind nützliche Tipps, die ich über die Jahre hinweg gelernt habe:

1. Analysieren Sie Ihre Zeit: Was funktioniert, was nicht, was ist am wichtigsten?

Es ist wichtig, dass Sie erkennen, wie Sie mit der Gabe der Zeit, die Sie bekommen haben, am besten umgehen können. Haben Sie den Eindruck, dass Sie mehr erreichen, wenn Sie sich täglich eine Liste machen? Oder gelingt es Ihnen durch spontane Aktivität mehr zu erreichen? Die ständigen, kleinen Aufgaben, die unsere Tage anfüllen, können die größten Zeitkiller sein. Säubern Sie Ihren Zeitplan von unnötigen Aktivitäten. Wenn Sie erkennen, was am wichtigsten ist, werden Sie fähig werden, sich auf die vor Ihnen liegende Aufgabe zu konzentrieren. Wenn Sie erkennen, was am wichtigsten ist, wird Sie dies vor kleineren Ablenkungen, die immer wieder auftauchen, bewahren.

2. Ergreifen Sie die Vision

Setzen Sie sich selbst klare Ziele und Prioritäten. Schreiben Sie diese für sich selbst und für andere verständlich auf. In der Bibel steht, dass wir die Vision aufschreiben sollen, um sie erfolgreich erfüllen zu können (Hab 2,2).

3. Machen Sie sich täglich eine Liste

Nichts verschwendet mehr Zeit als die Tyrannei des Dringenden. Wenn wir es zulassen, dass uns die Tage die Aufgaben zuweisen, fallen wir in den Reaktionsmodus zurück, bekämpfen jedes lodernde Feuer und machen in dem, was wirklich zählt, wenig bis keine Fortschritte. Schreiben Sie am Beginn jedes Tages die notwendigen Aufgaben auf und ordnen Sie diese nach Dringlichkeit und der Zeit, die benötigt wird, sie zu erledigen. Beten Sie danach über Ihre Liste, wie ich es Sie im Verlauf dieses Buches lehren werde.

4. Praktizieren Sie Zeit-Mapping

Ich fing an, dieses Prinzip vor mehreren Jahren anzuwenden, als ich bemerkte, dass einige unserer Mitarbeiter nicht in der Lage waren, ihre Aufgaben rechtzeitig zu erledigen. Zeit-Mapping hat sich erfolgreich bewährt, um herauszufinden, mit was Sie Ihre Zeit verbracht haben, und zugleich Wege zu erkennen, wie Sie die Zeit effektiver nutzen können. Sie können dies praktizieren, indem Sie den wichtigsten Aktivitäten bzw. Arbeiten in Ihrem täglichen Zeitplan bestimmte Zeitblöcke zuteilen. Weisen Sie solchen Dingen, wie Zeit für Sie selbst, Familienleben, geistliches Leben, Arbeit, Beziehungen, Finanzen, Bildung usw., Zeitblöcke von fünfzehn, dreißig oder sechzig Minuten zu. Größere Bereiche können in kleinere unterteilt werden. Zum Beispiel kann ein sechzigminütiger Arbeitsbereich in fünfzehnminütige Blöcke für Dinge wie Anrufe, E-Mails beantworten und Verabredungen treffen unterteilt werden. Wenn Sie Ihr System mit Farben markieren, werden Sie die Dinge, die Ihnen am wichtigsten sind, leicht erkennen.

5. Delegieren Sie jede Aufgabe, die andere tun können!

Verschwenden Sie keine Zeit damit, etwas zu tun, was jemand anderer für Sie tun könnte. Sicher haben Sie den Ausspruch „Teile und herrsche" schon gehört. Ich ziehe den Ausdruck „***Vereinige*** und herrsche" vor. Wenn Sie sich in einer Stellung befinden, in der Sie Arbeit delegieren können, wird das Ausbilden und Zurüsten anderer Ihre Zeit und Ihre Leistung vermehren. Wenn Sie Kinder haben, können diese Ihren Beitrag leisten, indem sie mit der Wäsche, dem Abwasch und dem Putzen helfen. Sehen Sie sich um und schauen Sie, wer zu Ihrem Team gehört und helfen Sie ihnen, sich mit Ihnen zusammenzutun, damit die Arbeit erledigt wird.

6. Verstehen Sie Ihre Energiezyklen

Fangen Sie an, mit der Zeit – nicht gegen sie – zu arbeiten. Wenn Sie diese verschiedenen Vorschläge in die Praxis umsetzen möchten, machen Sie sich klar, dass es kein Rennen gegen die Zeit ist! Die Zeit ist Ihr Diener – sie wurde von Gott dazu geschaffen, für Sie zu arbeiten. Es ist wichtig, dass Sie Ihre Energiezyklen verstehen, damit Sie beim Zeit-Mapping und den anderen praktischen Tipps Ihr volles Potential ausschöpfen können. Wenn Sie erkennen, dass Sie nach einem langen Arbeitstag am müdesten sind, sollten Sie Aktivitäten wie Sport, die viel Energie brauchen, auf den Tagesanfang verlegen, anstatt auf den späten Abend. Im Lauf der Zeit habe ich herausgefunden, dass ich meinen kreativen Höhepunkt in den späten Abendstunden erreiche. Also habe ich meine Schreibarbeiten oft auf diese Stunden verlegt, da ich weiß, dass ich dann am besten arbeiten kann. Somit kann ich produktiver sein, anstatt mit einer Schreibblockade untätig vor dem Computer zu sitzen.

7. E-Mail: Benutzen Sie die bewährte Methode: beantworten, weiterleiten, ablegen, löschen.

E-Mails können Zeit verschlingen wie ein schwarzes Loch, wenn wir uns nicht selbst auf die Finger schauen. Ohne Disziplin werden wir wertvolle Zeit verschwenden, indem wir immer wieder dieselben E-Mails durchlesen, um die Informationen zu finden, die wir brauchen. Vollgestopfte Postfächer fressen wertvolle Zeit, indem wir unter hunderten, nicht abgelegten bzw. gelöschten E-Mails, nach der einen wichtigen suchen müssen. Diese Zeitverschwendung sollten Sie aus Ihrem Leben verbannen. Entscheiden Sie sich, eine E-Mail nur einmal zu lesen und dann die richtige Maßnahme zu ergreifen: beantworten, weiterleiten, ablegen, löschen.

Wenn Sie diese Dinge in Ihrem Leben nicht bereits praktizieren, ermutige ich Sie, heute damit zu beginnen! Erinnern Sie sich jedoch daran, über diese natürlichen Vorschläge hinaus, jeden Ihrer Tage mit Gebet abzudecken. Sobald Sie aufwachen und vor dem Schlafengehen, danken Sie dem Herrn, dass er Ihnen Weisheit gibt, damit Sie das Allerbeste aus Ihrer Zeit machen können.

Beten Sie mit mir

Vater, in Jesu Namen danke ich dir, dass du die Zeit als Segen und nicht als Fluch für mich erschaffen hast! Ich entscheide mich, Herrschaft über die Zeit zu ergreifen, wie du sie mir gegeben hast. Heiliger Geist, schenk mir noch mehr Offenbarung darüber, damit ich alles vollbringen kann und alles tun und werden kann, wozu du mich geschaffen hast! Herr, ich danke dir für deine göttliche Weisheit, die während meines Tages übernatürliche „Zeitfenster" auftut und günstige Gelegenheiten schafft. Amen.

KAPITEL 2

Übernatürliche Zeitumkehr

Verschiedene Menschen haben ihre eigenen Vorstellungen, wie eine Zeitmaschine aussehen könnte. Für mich, als Kind der 1980er Jahre sah sie wie eine frisierte DeLorean[1] aus Edelstahl oder wie ein ausgefallener Glasbehälter aus, der den Raum mit Rauchschwaden und Lichtblitzen füllte. Nun jedoch, gut zwanzig Jahre später, habe ich im Wort Gottes die erstaunliche Wahrheit entdeckt, wie man die Zeit übernatürlich umkehren kann. Das ist nicht nur Einbildung – Zeitumkehr ist eine Realität, die allen Christen zur Verfügung steht.

Ich möchte Ihnen erzählen, wie ich Gottes übernatürliche Zeitmaschine entdeckt habe! Mit siebzehn hatte ich eine Begegnung mit dem Heiligen Geist und mein ganzes Leben wurde augenblicklich auf Gott ausgerichtet. Ich wollte nicht eine Sekunde mehr außerhalb seines Willens leben. Ich wollte ihm weder einen Schritt voraus noch einen Schritt hinterher sein. Ich wollte einfach alles tun, was Gott wollte.

Mit siebzehn Jahren verließ ich mein Elternhaus, genau an dem Tag, als ich meine Abschlussarbeit an der High-School schrieb. Der Herr gab mir eine klare Führung, wohin ich gehen sollte, und am nächsten Sonntag bat mich ein Pastor, in seiner Gemeinde mitzuarbeiten und Lobpreis zu leiten. Ich begann dann einen Musikdienst, und mit neunzehn zog ich von Kanada nach Spring Hill in Florida und wurde Lobpreisleiter beim *Emmanuel Christian Center.*

---

[1] Eine teure Automarke mit Flügeltüren und Edelstahlhülle aus 1980er-Jahren, die in dem Film „Zurück in die Zukunft" berühmt wurde. Anmerk. d. Übers.

Zur selben Zeit reiste ich immer wieder nach San Diego in Kalifornien, wo eine Reihe von Erweckungsveranstaltungen im Gang war und Tausende Menschen durch das Wirken des Heiligen Geistes dramatisch berührt wurden. Ich fing an, den Lobpreis in den Veranstaltungen zu leiten, und der Herr öffnete mir übernatürliche Türen, damit ich an verschiedene Orte in den Vereinigten Staaten reisen konnte.

Mit zwanzig habe ich geheiratet und mit einundzwanzig kehrte ich nach Florida zurück. Sechs Monate später war ich wieder in Kanada, wo alles begonnen hatte. Janet Angela und ich fragten Gott: „Warum fühlen wir uns, als seien wir am gleichen Ort, wo wir angefangen haben? Jahrelang haben wir all diese Dinge getan. Wir haben so viel Zeit und Kraft aufgewandt und es fühlt sich an, als seien wir im Kreis gegangen und würden nun wieder am Anfang stehen."

Wahrscheinlich können Sie dieses Gefühl nachempfinden. Es fühlt sich an, als würden Sie einfach immer im Kreis gehen. Was läuft hier ab? Der Herr sprach während dieser Zeit zu mir und sagte: „Manchmal muss man zurückgehen, um voranzukommen." Zuerst verstand ich es nicht, da in der Bibel ja steht, dass man die Augen auf den Siegespreis gerichtet halten soll, der vor einem liegt (Phil 3,12-14). Gehen Sie einfach weiter voran.

Manchmal muss man zurückgehen, um voranzukommen.

Gehen Sie zurück, um voranzukommen

Wissen Sie, es geht nicht darum, rückwärts zu gehen. Es geht darum, voranzukommen. Im Vorwärtsgehen gehen wir zurück, um voranzukommen. Was macht das für einen Sinn? Lassen Sie es mich erklären, indem wir uns Davids Begegnung mit Goliath anschauen. David war so völlig unqualifiziert und schlecht ausgerüstet, um den Riesen Goliath zu bezwingen, dass alle anderen Angst hatten. Sie zitterten vor Angst und waren in Panik. Aber Gott hatte seinen Mann und es war bloß ein junger Mann.

In der Bibel steht, dass David eine Schleuder in seinen Händen hielt. Er hatte auch ein paar Steine. Wir denken immer, dass Davids Schleuder wie eine von Tom Sawyers Schleudern war, wo man das Gummiband sehr weit zurückziehen muss und wenn man es loslässt, schießt der Stein hervor und trifft jemanden. David hatte jedoch keine solche Schleuder.

Während einer Reise nach Israel vor einigen Jahren sah ich eine Schleuder als Souvenir, ähnlich der, die David wohl benutzte. Diese Schleuder hatte kein Gummiband zum Zurückziehen. Stattdessen bestand sie aus einem Band aus Leder oder Stoff, das mittig etwas ausgebuchtet war, um einen Stein zu halten. Man nahm beide Enden der Schleuder fest in die Hand und schwang sie über den Kopf (wie ein Lasso). Ließ man ein Ende los, flog das Geschoss aus der Schleuder. Der Herr zeigte mir, dass wir manchmal das Gefühl haben, im Kreis herumzulaufen, als wären wir in dieser Schleuder und würden immer wieder die Runde machen. Wir bewegen uns aber immer vorwärts, auch wenn wir manchmal am selben Ort landen, wo wir angefangen haben. Mit jeder einzelnen Runde kommen wir mehr in Fahrt. Es geht um Geschwindigkeit und Beschleunigung, und wenn man immer wieder die Runde macht, passiert etwas im geistlichen Raum.

Manchmal muss man zurückgehen, um voranzukommen. Was dabei passiert, ist, dass Gott Sie weiterführt. Er sorgt für den Schwung und die Beschleunigung, und dies, während Sie lernen und Offenbarung empfangen – Offenbarung, die Sie für die kommenden Tage brauchen werden. Wenn Schwung und Beschleunigung bzw. Geschwindigkeit den richtigen Punkt erreichen, werden Sie plötzlich aus diesem Zyklus befreit und vorwärts katapultiert. Und als der Stein vorwärtsschoss, drang er direkt in den Kopf des Riesen und Goliath fiel auf sein Gesicht.

Vielleicht fühlen Sie sich, als würden Sie sich im Kreis drehen, wie ich es beschrieben habe. Gott ist jedoch dabei, Sie in die großartigsten aller Zeiten, die Sie je erlebt haben, hineinzukatapultieren. Sie stehen kurz davor, freigesetzt zu werden, um denselben Riesen, der versucht hat, sich Ihnen in den Weg zu stellen, zu treffen und zu besiegen. Sie sind kurz davor, den Riesen an der Stirn zu treffen, und dieser Riese wird fallen. Preist den Herrn!

Zurück in die Zukunft

In 2. Könige 20,1 steht:

> *In jenen Tagen wurde Hiskia todkrank. Und der Prophet Jesaja, der Sohn des Amoz, kam zu ihm und sagte zu ihm: So spricht der HERR: Bestelle dein Haus! Denn du wirst sterben und nicht am Leben bleiben.*

Was? Der Prophet sprach: „Du solltest dein Haus in Ordnung bringen, da du bald den Löffel abgeben wirst." Was für ein ermutigendes Wort! Nun ja, Herr, danke für den Propheten. Halleluja, Gott sei Dank, leben wir nicht im Alten Testament! Wenn Gott Ihnen heute ein prophetisches Wort gibt, ist es nicht ein Wort zum Verzweifeln, sondern ein ermutigendes Wort zum Überwinden. Sind Sie nicht froh darüber?

Der Prophet sagte: „Bring deine Dinge in Ordnung. Du wirst bald sterben." Aber dieser Abschnitt geht weiter: *„Da wandte er* [Hiskia] *sein Gesicht zur Wand und betete zu dem HERRN."* Seine Reaktion darauf war Gebet. Gebet verändert die Dinge. Wenn Sie anfangen, zu Gott zu beten, hört er zu. In der Bibel steht, dass er auf Ihre Gebete hört. Hiskia betete (Vers 3):

> *Ach, HERR! Denke doch daran, dass ich vor deinem Angesicht in Treue und mit ungeteiltem Herzen gelebt und dass ich getan habe, was gut ist in deinen Augen!*

Dann heißt es weiter, dass Hiskia sehr weinte. In manchen Übersetzungen steht, dass er laut weinte. In Vers 4 steht:

Und es geschah – Jesaja war noch nicht aus der inneren Stadt hinausgegangen –, da geschah das Wort des HERRN zu ihm: Kehre um und sage zu Hiskia, dem Fürsten meines Volkes: So spricht der HERR, der Gott deines Vaters David: Ich habe dein Gebet gehört, ich habe deine Tränen gesehen. Siehe, ich will dich heilen; am dritten Tag wirst du ins Haus des HERRN hinaufgehen. Und ich will zu deinen Tagen fünfzehn Jahre hinzufügen. Und aus der Hand des Königs von Assur will ich dich und diese Stadt retten.

Hiskia fragte Jesaja: „Was wird das Zeichen dafür sein?" Wussten Sie, dass Gott gerne Zeichen gibt? Immer wenn Gott spricht, gibt es Zeichen, die folgen. In der Bibel steht, dass das Wort Gottes durch Zeichen bestätigt wird (Mk 16,17-20; Hebr 2,3-4). Mit anderen Worten: Wenn das Zeichen kommt, bestätigt es das Wort Gottes, das er gesprochen hat. Warum? Weil Gott über sein Wort wacht, damit es ausgeführt wird (Jer 1,12).

Hiskia fragte:

Was ist das Zeichen, dass der HERR mich heilen wird und dass ich am dritten Tag in das Haus des HERRN hinaufgehen werde?

Jesaja antwortete:

Dies wird dir das Zeichen vom HERRN sein, dass der HERR das Wort, das er geredet hat, tun wird: Soll der Schatten an der Sonnenuhr zehn Stufen vorwärtsgehen oder soll er zehn Stufen zurückgehen?

Vom Geist Gottes geleitet fragte Jesaja „Soll die Zeit vorwärts- oder rückwärtsgehen?" Soll die Zeit vorwärts- oder rückwärtsgehen? Das soll wohl ein Witz sein! Der Herr sagt, dies wird das Zeichen für dich sein. Entweder wird die Zeit zurück- oder vorwärtsgehen.

Und das ist Hiskias Antwort:

Es ist dem Schatten ein Leichtes, sich an der Sonnenuhr um zehn Stufen zu neigen; nein, sondern der Schatten soll zehn Stufen rückwärtsgehen.

Hiskia war der Meinung, die Uhr ginge ohnehin immer vorwärts. Anstatt sie zehn Stufen vorwärtsgehen zu lassen, wollte Hiskia deshalb, dass die Zeit rückwärtsgeht. Also rief der Prophet Jesaja den Herrn an und wir lesen in der Bibel, dass der Herr den Schatten um zehn Stufen zurückgehen ließ. Der Herr nahm die Uhr und ließ sie rückwärtsgehen!

Sie denken nun vielleicht: „Das gibt es nicht; dies ist absoluter Schwachsinn. So etwas hab ich noch nie gehört. Es gibt keine Möglichkeit, in der Zeit zurückzugehen." Tut mir leid, dafür ist es zu spät. Ich habe ein Wort vom Herrn. Wenn es im Wort steht, kann ich es beanspruchen. Wenn der Herr es für Hiskia getan hat, der zur Zeit des Alten Testaments lebte, kann ich heute noch Größeres erleben als jene Herrlichkeit; das steht in der Bibel. Wir können eine Herrlichkeit erleben, die noch größer ist als jene Herrlichkeit, die Hiskia, Mose oder sogar Adam erlebt haben. Sie können eine größere Herrlichkeit erleben (Hag 2,9).

Durch Jesus Christus haben wir eine größere Herrlichkeit empfangen. Die Zeit ging für Hiskia rückwärts. Sie kann auch für Sie rückwärtsgehen. Hiskia erhielt zwei Dinge: Erstens wurde er geheilt, und zweitens wurde er erneuert. Die Bibel sagt, dass Gott seinem Leben fünfzehn Jahre hinzufügte. Wie fügt man nun dem Leben von jemandem fünfzehn Jahre hinzu?

Wenn man dem Leben eines Menschen Jahre hinzufügt, macht man ihn nicht älter, sondern man macht ihn jünger. Wenn also der Herr dem Leben Hiskias fünfzehn Jahre hinzufügte, tat er eigentlich Folgendes: Er kehrte das prophetische Zeichen, das Jesaja empfangen hatte, um und versetzte Hiskia zurück, damit er vorwärtsgehen konnte.

Der Herrlichkeits-Zeitsprung

In der Dimension der Herrlichkeit können Sie einen Zeitsprung erleben! Der Herr kann Sie zurückversetzen, damit Sie vorwärtskommen. In der Dimension der Herrlichkeit kann die Zeit angehalten, beschleunigt, ausgedehnt, umgekehrt und dazu benutzt werden, dass sie für Sie arbeitet. Das ist biblisch.

In der Dimension der Herrlichkeit können Sie einen Zeitsprung erleben! Der Herr kann Sie zurückversetzen, damit Sie vorwärtskommen.

Betrachten wir einmal Psalm 103,1-5, in dem eine der Wohltaten die Erneuerung der Jugend ist:

> *Preise den HERRN, meine Seele, und all mein Inneres seinen heiligen Namen! Preise den HERRN, meine Seele, und vergiss nicht alle seine Wohltaten! Der da vergibt alle deine Sünde, der da heilt alle deine Krankheiten. Der dein Leben erlöst aus der Grube, der dich krönt mit Gnade und Erbarmen. Der mit Gutem sättigt dein Leben. Deine Jugend erneuert sich wie bei einem Adler.*

Diese Verse handeln davon, dass wir ein Volk des Lobpreises sein sollen – ein Volk, das den Herrn anbetet. Dreimal sagt David, dass wir ihn preisen sollen. Wenn Sie einen Geist des Lobpreises haben, verändert Ihr Lobpreis die Atmosphäre. Lobpreis verändert Ihre Sichtweise. Und plötzlich werden Sie durch Lobpreis die Lösung sehen und Ihren Blick vom Problem abwenden. Wenn Sie den Herrn anbeten, erinnern Sie sich wieder an die Wohltaten, für die Gott durch sein Wort schon gesorgt hat. Welches sind diese Wohltaten?

Vier übernatürliche Wohltaten, die Lobpreis bewirkt

Erste Wohltat: Errettung

In Vers drei steht: ***„Der dir alle deine Sünden vergibt.“*** Die Wohltat der Errettung ist für das christliche Leben fundamental. Jesus Christus wurde von einer Jungfrau geboren. Im Natürlichen ist das vollkommen unmöglich, durch Gott jedoch vollkommen möglich. In der Dimension der Zeit macht es keinen Sinn. Es ist egal, wie lange eine Jungfrau einfach dasitzt und darauf wartet, schwanger zu werden. In der Dimension der Zeit wird es nie geschehen. In der Bibel steht jedoch, dass der Heilige Geist sie überschattete. Die Ewigkeit trat auf den Plan und tat etwas, was nur die Ewigkeit vollbringen konnte. Jesus Christus führte ein vollkommenes Leben und wurde danach gekreuzigt. In der Dimension der Zeit werden tote Leute nicht mehr lebendig. In der Dimension der Zeit können Sie warten und warten und warten, wenn es jedoch keine Berührung von Gottes Herrlichkeit gibt – keine Berührung von der Ewigkeit – wird das Wunder nie geschehen. Jesus Christus ist jedoch von den Toten auferstanden und hat dafür gesorgt, dass unsere Sünde vergeben werden konnte, damit wir in eine rechtmäßige Beziehung mit Gott kommen konnten. Wir sollten die Wohltat der Errettung nicht vergessen.

Zweite Wohltat: Heilung

In Vers drei steht auch: ***„Und heilt alle deine Gebrechen.“*** Heilung und Gesundheit sind auch Wohltaten Gottes, die nur in der Dimension der Herrlichkeit empfangen werden können. Lobpreis verändert die Atmosphäre und Sie beginnen, sich an Ihre Wohltaten zu erinnern. Was ist eine Davon? Heilung! Manche Leute haben das vergessen. Die Bibel drückt es so aus: ***„Wenn keine Offenbarung*** *(wörtl. Vision)* ***da ist, verwildert ein Volk“*** (Spr 29,18). Wenn Sie keine Vision für Heilung haben, keine Offenbarung darüber, werden Sie leiden. Nur, weil Sie etwas noch nicht gesehen haben, heißt das nicht, dass es nicht existiert. Manche sagen, Heilung sei nicht für heute. Wenn Sie nicht an Heilung glauben, werden Sie auch die Frucht der Heilung nicht hervorbringen. Manche Leute sagen: „Nun, ich glaube, dass Gott will, dass ich krank bin. Er will mich dadurch etwas lehren. Er bringt mich dazu, kürzer zu treten." Wenn Gott Sie etwas lehren will, warum nehmen Sie dann Medikamente und rebellieren somit gegen Gott? So zu denken ist unlogisch. Wenn Gott Ihnen eine Lektion erteilen will, warum lernen Sie diese dann nicht? Gott macht die Menschen nicht krank. Gott erteilt ihnen keine Lektion, indem er sie krank werden lässt. Gott versucht nicht, Sie aufzuhalten. Heilung ist eine Wohltat, an die wir uns erinnern müssen!

Dritte Wohltat: Erlösung aus der Verwüstung

In Vers vier steht: ***„Der dein Leben erlöst aus der Grube."*** Gott erlöst Ihr Leben aus der Grube. Das bedeutet Befreiung und übernatürlichen Schutz. Es ist eine weitere Versorgung in der Dimension von Gottes Herrlichkeit. Er befreit uns nicht nur, sondern er ***„krönt dich mit Gnade und Erbarmen".*** Was für eine unglaubliche Wohltat!

Vierte Wohltat: Erneuerte Jugend

In Vers fünf heißt es: ***„Der mit Gutem sättigt dein Leben."*** Gott möchte Ihr Verlangen stillen ... mit ***guten*** Dingen, nicht nur mit Dingen, damit Sie überleben können. Warum? ***„Deine Jugend erneuert sich wie bei einem Adler."*** Was heißt das? Bedeutet dies, dass der Herr Ihnen eine Lektion erteilen will, um Sie durch Schwierigkeiten abzubremsen? Nein! Er stillt Ihr Verlangen mit guten Dingen, damit sich Ihre Jugend erneuert. In der Bibel steht, dass Gott sich wünscht, die Zeit in Ihrem Leben zurückzudrehen. Gott möchte Sie in die Dimension der Ewigkeit hineinbringen, in eine ewig junge, zeitlose Dimension. Sogar, wenn Sie alt sind, können Sie funktionieren, als wären Sie zeitlich gesehen nicht alt. Wenn Sie aus einer anderen Dimension heraus leben, spielt es keine Rolle, was die

Dimension hier Ihnen diktiert; Sie können in der Welt leben, müssen aber nicht ihre Verhaltensweisen übernehmen. Im Natürlichen habe ich schon einige ältere Leute getroffen, die vor Jugendlichkeit und Lebenslust nur so sprühen. Sie leben in göttlicher Gesundheit.

Vor ein paar Monaten war ich bei meinen Großeltern in Essex, Kanada. Mein Großvater fragte mich: „Joshua, wie viele Plomben hast du in deinem Mund?" Ich sagte: „Ich weiß es nicht, vielleicht zwei, nicht viele. Aber ich habe ein paar." Er sagte: „Meine Zähne sind vollkommen gesund. Ich war noch nie beim Zahnarzt und hatte mein Leben lang nie ein Loch." Wenn Sie in der Dimension der Ewigkeit leben, spielt es keine Rolle, was Ihnen die Zeit diktiert. Sie können aus einer anderen Dimension heraus leben und diese auf Erden ausleben. Die Bibel gibt uns die Verheißung, dass unsere Jugend erneuert wird. Sind Sie bereit zurückzugehen, um voranzukommen?

Altersumkehrung und verschwundene Falten

Vor mehreren Jahren war ich in Südfrankreich und der Herr sagte zu mir: „Ich werde Falten bei Leuten verschwinden lassen." Als ich das Wort aussprach, sagte ich: „Der Herr lässt Falten aus den Gesichtern von Leuten verschwinden", und legte die Betonung auf die Gesichter. Eine Frau in der ersten Reihe rief: „Die Falten, die ich habe, sind nicht in meinem Gesicht."

Ich wurde durch sie vom Herrn korrigiert, entschuldigte mich und sagte. „Der Herr lässt Falten verschwinden, wo immer sie sich befinden. Er lässt sie verschwinden." Als ich dieses Wort aussprach, begann Gott Falten zu beseitigen, ja, auch von den Gesichtern, aber ebenso von verschiedenen anderen Körperteilen der Leute.

Der Herr fügte durch ein prophetisches Wort noch hinzu, er werde Altersflecken auf den Körpern von Leuten entfernen. Manche Leute waren neugierig und fragten, wo dies in der Bibel stehe. Nun, in der Bibel heißt es, Jesus werde zu einer

Gemeinde ohne Flecken und Runzeln zurückkommen (Eph 5,25-27), Sie können das also nehmen, wie Sie wollen!

Wenn Sie wollen, nehmen Sie dieses Wort für sich selbst in Anspruch. Ich glaube, dass das, was Gott in Ihrem Inneren tut, sich auch als prophetisches Zeichen an Ihrem Körper zeigen wird – die Veränderung, die er bewirkt, die neue Energie, die er gibt, die übernatürliche Kraft, die Wiederherstellung der Zeit und die göttlichen Begegnungen, die er Ihnen neu zuteilwerden lässt. Empfangen Sie alles, was Gott für Sie hat!

Dreißig Jahre vor dem Unfall

Bei einem Treffen im Mittleren Westen der USA wurde eine Frau in einer Nacht um dreißig Jahre zurückversetzt! Dreißig Jahren vorher hatte sie einen Autounfall gehabt. Er hatte ihren natürlichen Körper verunstaltet und ihr viele Schmerzen verursacht. Der Herr gab mir ein Wort der Erkenntnis, jemand werde dreißig Jahre zurückversetzt. Ich verkündete es, und der Herr wachte über sein Wort, um es auszuführen! Gott versetzte sie tatsächlich dreißig Jahre zurück in die Zeit, *bevor* der Unfall überhaupt geschehen war! Ihr Körper wurde vollkommen wiederhergestellt. Preist den Herrn!

Die Treppe hinauffallen

Letztes Jahr passierte etwas Ungewöhnliches, als ich im unteren Stockwerk war und in meinem Werkzeugschuppen arbeitete. Ich ließ die Tür zur Treppe offen, da Janet Angela die Treppe immer wieder hoch- und runterging. Plötzlich hörte ich Janet Angela schreien. Ich sah zur Tür hinaus und da lag sie völlig am Boden zusammengekauert. Sie war die Treppe hinuntergefallen und hatte sich schlimm verletzt. Augenblicklich stieg eine heilige Salbung des Geistes Gottes in mir auf und ich verkündete: „Im Namen Jesu, ich versetze dich fünfzehn Minuten zurück.“

Wissen Sie, was passiert ist? Janet Angela schaute mich an und sagte: „Was ist gerade passiert?“ Ich erwiderte: „Du bist gerade diese Treppe runtergefallen.“ Sie sagte mir, das Letzte, an was sie sich erinnere, sei, oberhalb der Treppe gestanden zu haben, und das Nächste, völlig unverletzt unten an der Treppe zu sitzen. Sie erinnerte sich nicht daran, gefallen zu sein. Ihr war absolut nichts passiert.

Wenn Sie Janet Angela kennen würden, würde Sie wissen, dass sie sehr leicht blaue Flecken bekommt. Nachdem ich verkündet hatte: „Ich versetze dich fünfzehn Minuten zurück“, hatte sie nicht einmal einen Kratzer – nichts war geschehen. Es war ein absolutes Wunder.

In ein Wunder hineinschlittern

Im Winter dienten wir einmal in Stony Plain, Alberta. Obwohl das Wetter für die Jahreszeit ziemlich warm war, gab es immer noch viel Eis auf dem Gelände rund um unser Hotel. Eines Nachmittags ging ich mit meinem Sohn Lincoln zurück zum Hotel. Plötzlich hörte ich ihn hinter mir schreien und weinen. Ich schaute mich kurz um und sah, dass Lincoln auf dem Eis ausgerutscht und auf den Boden gestürzt war. Ich rannte zurück, um ihn aufzuheben und sah, dass seine Hände und Beine aufgeschürft und blutig waren.

Sofort spürte ich, wie der Geist Gottes mit Glauben auf mich kam und ich verkündete: „Im Namen Jesu versetze ich dich fünf Minuten zurück.“ Nachdem ich das gesagt hatte, schaute mich Lincoln an und antwortete: „Papa, ich fühl mich viel besser.“ Wir gingen ins Hotelzimmer und ich sagte ihm, er solle seine Hände unters Wasser halten. Als er die Hände wieder vom Wasser wegnahm, waren alle Kratzer verschwunden und nirgends an seinem Körper gab es noch ein Zeichen des Unfalls! Seine Knie, die aufgeschürft waren, wurden sofort geheilt! Wir hatten ein weiteres Wunder erlebt, wie man Autorität über die Zeit ergreifen kann.

Zeitwunder für eine Inuit-Frau

Vor ein paar Monaten diente ich in Quaqtaq, Nunavik (Kanada). Lucy Audla, mit der wir oft zusammenarbeiten, war auch bei diesen Veranstaltungen. Ein paar Wochen später sandte sie uns eine E-Mail mit einem unglaublichen Zeugnis. In ihrer E-Mail berichtete sie:

> Joshua lehrte uns darüber, wie wir Autorität über die Zeit ergreifen können. Nur zwei Tage später, nachdem ich nach Hause gekommen war, spielte meine Enkelin vierzig Minuten lang draußen. Sie kam ins Haus zurück und weinte heftig, da sie auf dem Eis ausgerutscht war und ihr Handgelenk geprellt hatte – ihre Seite und ihr Kopf taten ihr sehr weh. Sie sagte mir, sie könne kaum atmen. Sofort fielen mir die Zeugnisse ein, die Joshua erzählt hatte, und dass ich die Zeit zurückdrehen könnte! Ich betete, dass meine Enkelin vierzig Minuten in der Zeit zurückversetzt würde und plötzlich ging es ihr gut! Sie lächelte und sagte, dass alle Schmerzen völlig weg wären. Gott segne dich für diese Offenbarung. Ich hätte sonst nicht gewusst, was tun!

Um zehn Jahre verjüngt

Vor einigen Jahren war eine Frau in meinen Veranstaltungen. Sie hatte den Eindruck, der Herr habe ihr gesagt, er habe sie während des Treffens zehn Jahre zurückversetzt. Sie fühlte sich jünger, dynamischer und lebendiger als je zuvor! Als sie ein paar Tage später zu einem vorgesehenen Arzttermin ging, war das Erste, was der Arzt sagte: „Was ist mit Ihnen passiert? Sie schauen um zehn Jahre jünger aus!"

Sofortiger Gewichtsverlust

Vor ein paar Jahren diente ich in Aurora, Ontario, und am letzten Abend der Veranstaltung verloren ungefähr zwanzig

Leute plötzlich übernatürlich an Gewicht. Leute wurden um einige Kleidergrößen schlanker und verloren auf wunderbare Weise an Gewicht, das sie schon seit Jahren mit ihrem Körper herumgetragen hatten. Es war gelinde gesagt ziemlich beeindruckend. Manchmal befindet man sich einer „Wunderatmosphäre" und man sieht zu, wie alle anderen ihre Wunder bekommen und bemerkt noch nicht einmal, dass Gott auch ein Wunder für einen selbst hat!

Ein Tag danach war mein Hochzeitstag, weshalb ich den ganzen Tag mit Janet Angela verbrachte. Eines, was ich in den letzten dreizehn Jahren gelernt habe, ist, dass Janet Angela gerne einkaufen geht! Also ging ich an unserem Hochzeitstag mit ihr ins Einkaufszentrum. Ich wollte ihr für unsere bevorstehende Reise nach Paris neue Kleider kaufen. Wissen Sie, was passierte? Als ich im Einkaufzentrum herumspazierte, musste ich plötzlich immer wieder meine Jeans hochziehen, weil sie mir runterrutschten! Das Lustige daran war, dass ich die Jeans erst ein paar Wochen vorher gekauft hatte, als ich in Seattle diente. Somit wusste ich, dass sie mir nicht zu groß waren! Ich hatte sie sogar eine Größe zu klein gekauft, da sie die letzten zu diesem Sonderpreis waren. Es machte also keinen Sinn, dass sie nun plötzlich zu groß waren. Während ich im Einkaufzentrum herumging, dachte ich immer wieder: „Was ist bloß mit diesen Jeans passiert?" Und plötzlich traf es mich wie der Schlag – ich hatte mich am Abend vorher zusammen mit den zwanzig anderen Leuten, die ein Wunder empfangen hatten, in derselben Wunderatmosphäre befunden und Gott hatte auch mich berührt, obwohl ich es zuerst gar nicht bemerkt hatte! Über Nacht wurde ich um zwei Kleidergrößen schlanker! Wir gingen nach Hause und Janet Angela schoss ein paar Fotos von mir in den übergroßen Jeans. Den Rest des Abends lachten und freuten wir uns über das tolle Wunder, das Gott getan hatte!

In der Dimension der Herrlichkeit kann Gott Sie in der Zeit zurückversetzen – Erinnerungen an die Vergangenheit auslöschen und Verletzungen und Narben von Unfällen und

Missbrauch verschwinden lassen. Er kann Ihren Körper mit göttlicher Gesundheit, Heilung und Ganzheit verjüngen. Es gibt nichts, was für Gott zu schwierig wäre. Wollen Sie dieses Wunder heute empfangen?

Ein Gebet für Sie

Vater, im Jesu Namen, segne ich die Person, die dieses Buch jetzt liest. Ich danke dir, dass du Falten und Altersflecken verschwinden lässt. Herr, ich danke dir, dass du Schönheitsfehler, Warzen und Muttermale verschwinden lässt. Ich befehle ihnen im Namen Jesu, zu verschwinden! Ich danke dir, Herr, dass du in der Atmosphäre deiner Herrlichkeit alles neu machst. Ich danke dir für ALLE deine unglaublichen Wohltaten und für völlige Erneuerung. Ich bitte dich, dass ihre Jugend erneuert wird wie bei den Adlern. In Jesu mächtigem Namen, Amen!

**Jesus Christus ist gekommen,
um Ihnen Leben zu geben,
überfließendes Leben,
nicht nur im himmlischen Raum,
sondern hier auf der Erde!**

KAPITEL 3

Gunst in Bezug auf die Zeit

Treue und Gehorsam dem Wort Gottes gegenüber öffnet einen „Jungbrunnen" in unserem Leben (Joh 4,14). Dies kann man an vielen Stellen in der Bibel erkennen:

- Adam wurde 930 Jahre alt (1 Mose 5,5).
- Noah war über vierhundert Jahre alt, als er die Anweisung zum Bau der Arche erhielt, und schon über sechshundert, als sie auf den Fluten schwamm. Er lebte weiter, bis er 950 Jahre alt war! (1 Mose 9,29).
- Methusalem, Henochs Sohn, und Großvater Noahs lebte bis zum Alter von 969 Jahren. (1 Mose 5,27)
- Abraham war 175 Jahre alt, als er starb (1 Mose 25,7-8).
- Mose, der Diener Gottes, blieb bis zum Alter von 120 Jahren jugendlich. Weder seine Sehkraft noch seine Kraft ließen nach! (5 Mose 34,7)
- Kaleb war mit über achtzig noch so stark wie mit vierzig – voller Elan, Mut und Kampfbereitschaft! (Jos 14,10-11)
- Unzählige andere biblische Persönlichkeiten lebten viele Jahre lang und führten ein sattes und lohnendes Leben. Jered lebte 962 Jahre (1 Mose 5,20), Mahalalel lebte 895 Jahre (1 Mose 5,17), Lamech lebte 777 Jahre (1 Mose 5,31), Sem lebte 600 Jahre (1 Mose 11,10-11), Eber lebte 464 Jahre (1 Mose 11,16-17), Henoch lebte 365 Jahre (1 Mose 5,23), Peleg lebte 239 Jahre (1 Mose 11,18-25), Terach lebte 205 Jahre (1 Mose 11,32) und die Liste geht so weiter.

Warum konnten alle diese Leute so lange leben, während wir so jung sterben? Einige führen die vorsintflutliche Situation auf der Erde ins Feld, andere erklären es mit 1. Mose 6,3, wo es heißt, dass Gott unsere Lebenszeit auf 120 Jahre begrenzt hat. Ungeachtet dessen sind es immer noch 120 Jahre! Sie können länger leben, da Gott eine Lösung für Sie hat.

Ich will damit nicht sagen, dass Sie das Zeitliche nicht segnen werden. In der Bibel steht, dass jeder Mensch sterben muss und dann das Gericht kommt (Hebr 9,27). Aber wissen Sie, was passiert, wenn Sie dem Tod gegenüberstehen? Obwohl Ihr natürlicher Körper vergänglich scheint, sterben Sie nicht. Ein Gläubiger stirbt nie (1 Kor 15,55-57)! Sie werden nur von einer Dimension des Lebens in eine andere mit mehr Fülle wechseln. Sie wechseln vom Leben auf dieser Seite des Lebens auf die andere Seite hinüber – gehen einfach hinüber! Es ist jedoch wichtig zu wissen, dass Sie auf dieser Seite länger leben können, wenn Sie die Prinzipien des Wortes und der Herrlichkeit Gottes in Ihrem Leben anwenden. Jesus Christus kam, um Ihnen Leben, ja, ein überfließendes Leben zu geben – nicht nur im himmlischen Raum, sondern hier auf der Erde! Jesus sagte:

> *Wer aber von dem Wasser trinkt, das ich ihm geben werde, den wird in Ewigkeit nicht dürsten, sondern das Wasser, das ich ihm geben werde, wird in ihm zu einer Quelle von Wasser werden, das bis ins ewige Leben quillt* (Joh 4,14 SLT).

Das ewige Leben, von dem Jesus spricht, ist nicht nur für das kommende Zeitalter gedacht, sondern für das Hier und Jetzt! Gloria Copeland sagt: „Das Leben ist in Jesus Christus, und Jesus ist das fleischgewordene Wort.“[1] Es ist immer noch so kraftvoll und unverzichtbar wie zuvor. Wenn Sie daran zweifeln, lesen Sie den Hebräerbrief. Es heißt darin, dass Gottes Wort in vergangenen Zeitaltern nicht nur die Welt geschaffen hat, sondern sie auch heute immer noch zusammenhält. In

---

[1] Gloria Copeland, *Believers Voice Of Victory* Magazine, Juni 2010. Direkt aus dem Engl. Anmerk. d. Übers.

Hebräer 1,3 steht, dass Jesus jetzt ***„alle Dinge durch das Wort seiner Macht trägt“***. Er hält aktuell das ganze Universum mit seinem Wort auf Kurs. Glauben Sie nicht, dass er auch Sie aufrechterhalten kann? Überdies steht in Hebräer 4,12 (NGÜ), dass das Wort auf uns als wiedergeborene Gläubige eine reelle und dynamische Wirkung hat. Es bedeutet für uns genauso Leben, wie es dies in den Tagen Moses für das Volk Israel bedeutete, denn heute wie damals heißt es:

> *Gottes Wort ist lebendig und voller Kraft. Das schärfste beidseitig geschliffene Schwert ist nicht so scharf wie dieses Wort, das Seele und Geist und Mark und Bein durchdringt und sich als Richter unserer geheimsten Wünsche und Gedanken erweist.*

In Psalm 35,27 (LUT) steht:

> *Der HERR sei hochgelobt, der seinem Knecht so wohl will!*

Wie sehr hat der Herr Wohlgefallen am WOHLERGEHEN seiner Knechte! Johannes sagte auch:

> *Geliebter, ich wünsche, dass es dir in allem wohlgeht und du gesund bist, wie es deiner Seele wohlgeht* (3 Joh 2).

Ihre Seele kann durch das Wort Gottes gedeihen. Die Wahrheiten und Wirklichkeiten von Gottes Geist können von Ihrem Verstand, Ihrem Willen und Ihren Gefühlen aufgenommen werden. Durch diese Schriftstelle lässt uns Johannes verstehen, dass Gott dasselbe Wohlergehen in Ihre physische Gesundheit und in Ihr gesamtes Wohlergehen überfließen lassen will.

Wohlergehen zur rechten Zeit

Gott möchte, dass es Ihnen wohlergeht, ungeachtet Ihres Alters und Ihrer menschlichen Beschränkungen. Die Verheißungen Gottes sind Ja und Amen (2 Kor 1,20). Elisabeth empfing diese Verheißung und sie wurde in ihrem „hohen Alter“ Wirklichkeit, weil die Wohltaten Gottes sich von Ewigkeit zu Ewigkeit erstrecken (Lk 1,26-37)! Durch Jesaja sagte Gott:

> *Ich bleibe derselbe, so alt ihr auch werdet, bis ihr grau werdet, will ich euch tragen. Ich habe es getan und ich werde euch weiterhin tragen, ich werde euch schleppen und retten* (Jes 46,4 EÜ).

Dies ist die Verheißung Gottes an Sie, dass es Ihnen nie an etwas mangeln wird, egal in welchem Lebensabschnitt Sie sich befinden. Diese Verse sind eine Einladung, die Grenzen Ihrer Lebens-"Abschnitte" zu sprengen und in die ewige Dimension von Gottes herrlicher Versorgung einzutauchen!

Der Heilungsevangelist Gordon Lindsay sagte einmal: „Damit unsere Jugend erneuert wird, müssen wir uns mit den ‚guten Dingen' Gottes sättigen. ‚Der Mensch lebt nicht vom Brot allein, sondern von jedem Wort, das aus dem Munde Gottes kommt' (Mt 4,4). Materielles Brot wird nichts nützen, aber das Wort Gottes ist echtes Leben. Göttliche Gesundheit ist für diejenigen, die sich täglich an den ‚guten Dingen' aus Gottes Wort sattessen."[2]

Gott will Ihre Tage verlängern!

In Sprüche 3,1-2 (SLT) steht:

> *Mein Sohn, vergiss meine Lehre nicht, und dein Herz bewahre meine Gebote! Denn sie werden dir Verlängerung der Tage und Jahre des Lebens und viel Frieden bringen.*

Die Bibel spricht darüber, dass Gott nicht nur Ihre Jahre verlängert, sondern auch Ihre Tage. Wie kann Ihr Tag nun verlängert werden? Wenn die Ewigkeit in den Mittelpunkt des Tages gestellt wird, dehnt sie Ihre Zeit aus. Sie können einen länge-

---

[2] Gordon Lindsay, *The Bible Secret Of Divine Health,* Christ for the Nations. Direkt aus dem Engl. Anmerk. d. Übers.

ren und erfüllteren Tag als jeder andere haben. Wenn die Ewigkeit Ihren Tag durchdringt, werden Sie mit weniger mehr tun können!

Sie können einen längeren und erfüllteren Tag als jeder andere haben. Wenn die Ewigkeit Ihren Tag durchdringt, werden Sie mit weniger mehr tun können!

Ich befand mich in einer Situation, in der ich auf einer einwöchigen Kreuzfahrt predigen und am Montag heimkommen sollte. Am darauffolgenden Mittwoch sollte ich in Phoenix, Arizona, predigen. Von Phoenix aus sollte ich direkt nach Australien fliegen, um dort einen Monat lang zu dienen. Und von Australien ging es weiter nach Hawaii, wo ich am *Intensified Glory Institute®*[3] lehren sollte. Es gab nur ein Problem: Ich hatte mit dem Schreiben der Schulungsunterlagen für zwei Kurse, die ich an der Schule geben sollte, noch nicht einmal angefangen!

Die Schulungsunterlagen mussten geschrieben, gedruckt und bis zu meiner Ankunft in Hawaii fertig sein. Ich fragte mich, wie das alles vonstattengehen sollte! Damals gab Gott mir mehr Offenbarung über Zeit und Ewigkeit. Ich erkannte, dass Gott meine Tage dehnen wollte. Alles, was ich tun musste, war, mich mit dieser Realität zu verbinden. Plötzlich begann ich über meinen Tag zu verkünden:

Zeit und Raum verschwindet aus meinen Augen;
ich wurde für Barmherzigkeit und Gnade geschaffen.
Konflikte und Stress werde ich nicht zulassen,
ich weiß, dass ich immer gesegnet bin.
Die Herrlichkeit ist hier und füllt meinen Tag,
ich weiß, dass Gott es zustande bringen wird.

---

[3] Deutsch: *Institut für intensivere Herrlichkeit.* Schule für Zeichen und Wunder von Joshua Mills. Anmerk. d. Übers.

Mit dieser Proklamation können Sie Ihre Tage dem Herrn übergeben. Fangen Sie an, zu proklamieren,

- dass Sie Gunst in Bezug auf Zeit bekommen werden. Die Zeit ist Ihr Diener und bereit, für Sie zu arbeiten!
- dass Ihr Tag übernatürlich verlängert wird und Sie größere Produktivität hervorbringen.
- dass Gott Ihnen nützliche Kontakte geben wird, die Ihnen unnötige Arbeit, Stress und Ausgaben ersparen.
- dass Sie heute in der Lage sein werden, Dinge zu erreichen, die Sie gestern nicht erreicht haben, weil Gottes Offenbarung in Ihnen zunimmt.

Als ich anfing, dies über meinen Tagen zu verkünden, merkte ich plötzlich, dass ich nicht nur Haushaltsaufgaben übernahm, sondern auch in der Lage war, Verwaltungsaufgaben in meinem Dienst zu beaufsichtigen. Zusätzlich zu den Alltagsaufgaben war ich in der Lage, in nur zwei Tagen die Schulungsunterlagen für zwei Kurse zu schreiben.

Ich weiß nicht, ob Sie wirklich erfasst haben, was ich geschrieben habe, aber ich sagte, dass ich das Material für zwei komplette Schulungen in nur zwei Tagen geschrieben habe! Normalerweise ist das kein schneller oder einfacher Prozess. Preist den Herrn! Ich habe entdeckt, dass Gott uns die Herrschaft über die Zeit gegeben hat! Sie können das ebenso entdecken!

Gott hat es für Josua getan!

Gott möchte Ihren Tag verlängern. Wie kann Gott jedoch Ihren Tag verlängern? Josua 10 zeigt uns, wie es geht. Ich liebe diese Stelle. In Josua 10,12 heißt es:

> *Damals redete Josua zum HERRN, und zwar an dem Tag, als der HERR die Amoriter vor den Söhnen Israel dahingab, und sagte vor den Augen Israels: Sonne, stehe still zu Gibeon, und Mond, im Tal Ajalon!*

Was tat Josua da? Er übte Herrschaft über die Zeit aus – über die Sonne und den Mond, den Tag und die Nacht. Er sprach zur Zeit und sagte: „Zeit, stoppe!“, und die Zeit hielt an.

Gott möchte Ihnen Gunst mit der Zeit geben, wie er es bei Josua getan hat. Warum? Damit Sie die Schlacht gewinnen können.

Vielleicht kommt es Ihnen so vor, als seien Sie ständig am Kämpfen (mit Ihrer Gesundheit, finanziellen Problemen, familiären Auseinandersetzungen usw.). Vielleicht haben Sie sogar das Gefühl, als sei es ein andauernder Kampf mit der Zeit. Schauen Sie, was Josua getan hat. Er hat einfach zur Zeit gesprochen!

> *Da stand die Sonne still, und der Mond blieb stehen, bis das Volk sich an seinen Feinden gerächt hatte ... Die Sonne blieb stehen mitten am Himmel und beeilte sich nicht unterzugehen, ungefähr einen ganzen Tag lang* (Josua 10,13).

Der Herr schenkte Josua einen zusätzlichen Tag. Wenn Josua damals, zur Zeit des Alten Testaments, diese Gunst in Bezug auf die Zeit erleben konnte, wie viel mehr können wir – als bibeltreue, geisterfüllte Christen, die in der Herrlichkeit leben, diese Dimensionen der Herrlichkeit erfahren? Halleluja!

Wenn Sie sich in einem Dilemma befinden und sagen: „Ich habe große Probleme mit meiner Zeitplanung“, dann kann ich Ihnen versichern, dass Gott weiß, wie man mit der Zeit perfekt umgeht. In der Bibel steht, dass Gott der Lehrer ist und dass uns der Heilige Geist alle Dinge lehren wird (1 Joh 2,27). Was immer Sie wissen müssen: Gott weiß, wie man es macht. Was immer Sie lernen müssen: Gott weiß, wie er Sie lehren kann.

Wenn Sie Zeitplanungsprobleme haben, möchte ich, dass Sie die Proklamationen auf den nächsten Seiten aussprechen. Wenn Sie gesagt haben: „Ich hatte nicht genügend Zeit. Die Zeit läuft mir davon. Ich konnte nicht tun, wozu ich mich berufen fühlte“, dann beginnen Sie, zur Zeit zu sprechen – befehlen Sie ihr, Ihnen in rechter Weise zu dienen!

Sogar, wenn Zeit für Sie nie ein Problem war, möchte ich, dass Sie anfangen, dies auszusprechen, bevor es je zu einem Thema wird. Wenn Sie mit Ihrer Zeit treu waren, dann möchte Gott diese umso mehr vermehren! Wenn Sie mit einer natürlichen Menge an Zeit gut umgehen können, welche Fülle werden Sie dann in Ihrem Leben haben, wenn die Dimensionen der Ewigkeit in die Zeit eindringt?

Wo immer Sie jetzt sind, ich möchte, dass Sie damit beginnen, diese Dinge umzusetzen. Sprechen Sie ab sofort jeden Morgen Gottes Wahrheit über Ihren Tag aus. Beginnen Sie einfach, indem Sie Ihren Tag Gott übergeben und weihen, und bitten Sie die Ewigkeit, Ihren Tag zu erfüllen und zu verlängern. Es ist egal, ob die Zeit ausläuft, da die Ewigkeit hineinläuft!

Es ist egal, ob die Zeit ausläuft, da die Ewigkeit hineinläuft!

Befehlen, dass Sie Gunst in Bezug auf die Zeit haben

Gott möchte Ihnen Gunst in Bezug auf die Zeit geben. Sprechen Sie deshalb jetzt Folgendes über Ihre Zeit und über Ihr Jahr aus:

> *Vater, im Jesu Namen danke ich dir jetzt, dass es dein Wunsch ist, uns Gunst zu geben, was die Zeit betrifft. Herr, ich danke dir, dass du die Zeit geschaffen hast. Zeit ist ein Segen für die Menschen. Sie ist kein Fluch, sondern meine Dienerin.*
>
> *Danke, Herr, dass du uns Aufgaben, Visionen, Träume und Anweisungen gibst. Ich danke dir, dass du dafür sorgst, dass die Ewigkeit meinen Tag erfüllt. Ich danke, dir, dass mein Tag durch dich erweitert, verlängert und ausgedehnt wird und dass ich mehr als fähig bin, das zu tun, wozu du mich berufen hast.*
>
> *Herr, ich danke dir, dass meine Familie nicht länger vernachlässigt wird. Ebenso werden meine Dienste und auch*

meine Talente, Begabungen, Fähigkeiten und Salbungen nicht länger vernachlässigt. Herr, ich danke dir dafür, dass du jeden Tag genügend Zeit schenkst, sodass ich jede einzelne Sache tun kann, zu der du mich berufen hast.
Heiliger Geist, ich lade dich ein, mich alle Dinge zu lehren, damit ich lerne, mit meiner Zeit gut umzugehen. Zeige mir, wo ich Zeit vergeudet habe. Lass mich verstehen und weise mich an, wie ich die Zeit besser verwenden kann. Herr, bitte leite und führe mich.
Herr, danke, dass du mir ab sofort erfolgreiche Tage und göttlichen, übernatürlichen Wohlstand gibst. Ich verkünde, dass jetzt erfolgreiche Tage kommen und dass ich in diesem Jahr erfolgreich sein und erfolgreiche Tage erleben werde! Jeder Tag wird ein erfolgreicher Tag sein. In diesem Jahr werde ich mehr tun als je zuvor. Ich werde in diesem Jahr im Königreich Gottes mehr bewirken als jemals zuvor. Ich werde in diesem Jahr mehr Zeit mit meiner Familie verbringen und meinen Kindern und meiner Frau / meinem Mann mehr Aufmerksamkeit erweisen.
In diesem Jahr werde ich den Dingen Gottes mehr Zeit widmen als je zuvor. Mein Geschäft wird in diesem Jahr florieren. Meine Arbeit wird in diesem Jahr florieren. Gott, ich danke dir, dass du mich voranbringen wirst. Ich werde in diesem Jahr in Jesu mächtigem Namen in eine neue Dimension von Herrlichkeit hineinkommen.
Herr, ich danke dir, dass du Wohlstandsengel in meine Tage hinein freisetzt. Wohlstandsengel werden gerade jetzt in den Kalender freigesetzt. Wohlstandsengel werden jetzt in die Uhr freigesetzt.

Preisen Sie nun den Herrn mit mir: Halleluja! Halleluja!! Halleluja!!!

KAPITEL 4

In der Zeit vorwärtsgehen

Wenn man die Herrlichkeit erleben will, ist es entscheidend, das JETZT zu verstehen. Es ist wichtig, dass wir an das JETZT glauben. Wir müssen anfangen, zur aktuellen Situation zu sprechen. Wir müssen aufhören, alle Hoffnungen auf die Zukunft zu setzen. Sprechen Sie ins Jetzt hinein und verkünden Sie Gottes Wort jetzt! In 2. Korinther 6,2 (SLT) steht:

> *Denn es heißt: „Zur angenehmen Zeit habe ich dich erhört und am Tag des Heils dir geholfen". Siehe, jetzt ist die angenehme Zeit; siehe, jetzt ist der Tag des Heils!*

Es gibt keinen Moment wie jetzt. Jedes Wunder, das Sie brauchen und jeder Segen vom Himmel steht jetzt zur Verfügung. Als Jesus Christus am Kreuz von Golgatha gekreuzigt wurde, vergoss er sein Blut und sagte: „Es ist vollbracht." Jedes Werk Gottes wurde schon für Sie vollendet. Die Heilung gehört Ihnen. Der Wohlstand gehört Ihnen, die Wiederherstellung gehört Ihnen. Aber Sie müssen sie ins Hier und Jetzt verkünden.

In Hebräer 11,1 (NLB) steht: ***„Was ist NUN also der Glaube …"*** Glaube ist NUN und JETZT! Fangen Sie an, Ihren Glauben in das Jetzt zu verlegen. Warten Sie nicht darauf, dass Ihr Wunder in drei Tagen, drei Wochen, drei Monaten oder drei Jahren geschieht. In der Bibel steht, dass Sie alles bekommen werden, wofür Sie Glauben haben, also sei es nach Ihrem Glauben (Mt 9,29; 21,22; Mk 11,24; Joh 14,13; 15,7; 15,16; 16,24; 1 Joh 3,22; 5,15).

Wenn Sie Fürbitte tun und beten, sprechen Sie zu den Dingen im JETZT. Römer 4,17 (NGÜ) beschreibt Gott als den

„Gott, der die Toten lebendig macht und das, was nicht ist, ins Dasein ruft“. Prophezeien Sie diese Dinge JETZT. Sprechen Sie JETZT aus und proklamieren Sie, was Sie vom Herrn hören. Mit Glauben erfüllte Worte werden Ihnen helfen zu überwinden, aber Worte voller Angst werden Sie aufgeben lassen. Ihre Worte sind das Mächtigste im ganzen Universum.

Ihre Worte haben die Kraft, die Welt zu erschaffen, in der Sie morgen leben werden. Ihre Zukunft liegt in den Worten, die Sie heute sprechen. Ihre Zukunft wird immer dadurch bestimmt, wofür Sie im JETZT Glauben haben! Ergreifen Sie jetzt die Ewigkeit!

Was erwarten Sie?

In Johannes 2,1-3 steht:

> *Und am dritten Tag war eine Hochzeit zu Kana in Galiläa; und die Mutter Jesu war dort. Es war aber auch Jesus mit seinen Jüngern zu der Hochzeit eingeladen. Und als es an Wein mangelte, spricht die Mutter Jesu zu ihm: Sie haben keinen Wein.*

Jesu Antwort auf diese Frage war: „Warum kommst du damit zu mir?“ Er wollte damit sagen: „Warum erzählst du mir dies? Warum sagst du: ‚Sie haben keinen Wein mehr.‘ Was erwartest du?“

Lassen Sie mich Ihnen die gleiche Frage stellen. Was erwarten Sie? So viele von uns leben schon solange in der Zeit und von der Zeit bestimmt, dass die Zeit unseren Verstand kontrolliert. Wir sind derart von den Wegen dieser Welt beeinflusst, dass die Dimension der Herrlichkeit keinen Einfluss auf uns hat. Wir müssen uns an die Dimension des Himmels gewöhnen. Gestatten Sie dem Himmel, Ihr Denken zu verändern. Öffnen Sie sich und empfangen Sie eine „Wundereinstellung“. Gestatten Sie Gott, Ihre Einstellungen zu verändern. Sobald sich Ihre Erkenntnis verändert, verändert sich auch das reale Erleben.

Gestatten Sie dem Himmel, Ihr Denken zu verändern. Sobald sich Ihre Erkenntnis verändert, verändert sich auch das reale Erleben.

Sie können nicht immer wieder das Gleiche tun und ein anderes Resultat erwarten. Religion wird nie zu Wundern führen. Nur Jesus Christus kann Wunder bewirken. In diesem Leben geht es um das Wachstum in der Beziehung zu Jesus Christus und darum, ihm zu erlauben, Ihre Gedanken zu leiten, damit der Lebensstil des Himmels zu Ihrem Lebensstil wird.

Maria verstand den Unterschied zwischen Zeit und Ewigkeit. Sie verstand, dass es zeitliche Grenzen gab, aber auch, dass in der Dimension der Ewigkeit alles geschehen kann. Sie war die Jungfrau, die in einer Weise schwanger wurde, wie es in hundert Millionen Jahren nicht geschehen könnte. Doch die Ewigkeit kam auf sie und sie gebar den Messias, den Gesalbten. Sie wusste, dass er der Herr der Erde werden würde, dass er der Retter der Welt war.

Bis zu dieser Hochzeit hatte Jesus noch kein Wunder vollbracht. Doch Maria wusste, dass die Dimension, die er in sich trug, eine Dimension war, welche die Zeit überwand. An jenem Tag, dem dritten Tag der Hochzeit, beschloss Maria, dass sie genug von der Zeit hatte. Wenn Sie die größeren Wunder erleben wollen, müssen Sie mit dem Ist-Zustand unzufrieden sein. Solange Sie mit dem Heute zufrieden sind, werden Sie nie in das Morgen eintreten.

Solange Sie mit dem Heute zufrieden sind, werden Sie nie in das Morgen eintreten.

Wenn die Ewigkeit kommt, wird die Zeit ausradiert

Als ich im vorigen Jahr auf dem Weg nach England war, diente ich einen Abend in Island. Während des Gottesdienstes betete ich für eine Frau, die solch große Probleme mit ihrem Arm hatte, dass sie befürchtete, er müsse amputiert werden. Als ich jedoch meine Hände auf sie legte, erlebte sie augenblicklich ein vollständiges Wunder. Das Gefühl kam zurück. Sie konnte alles wieder richtig bewegen. Es war überwältigend! Mit Tränen in den Augen bezeugte sie jedem, dass Gott ein echtes Wunder getan hatte!

Ein kleines Mädchen, das einen Arm vergipst hatte, bat mich daraufhin, für sie zu beten. Gleich nachdem ich meine Hände auf sie gelegt hatte, bat sie jemanden, ihr zu helfen, den Gips abzunehmen. Sie glaubte, dass Sie empfangen hatte, wofür Sie gebetet hatte. Der Gips kam herunter und der Arm war vollständig geheilt. Ihre Mutter weinte und auch sie weinte. Die ganze Gemeinde war wegen der Güte Gottes in Tränen aufgelöst. Überall in der Versammlung geschahen die Wunder nun mit Leichtigkeit.

Der Doktor hatte womöglich gesagt: „Es wird zwei Monate dauern, bis dein Arm geheilt ist.“ Wenn aber Gottes Herrlichkeit Einzug hält – wenn die Dimension der Ewigkeit kommt – wird die Zeit ausradiert. Das ist der Grund, warum im Raum der Herrlichkeit Wunder geschehen. Plötzlich dreht sich alles nicht mehr um die Zeit, sondern um die Ewigkeit.

Johannes, der „Offenbarer“, war „seiner Zeit voraus“ und erlebte diese Offenbarung selbst, als er durch ein offenes Himmelsportal „aus der Zeit heraus“ in die Dimension des Ewigen eingeladen wurde.

> *Nach diesem schaute ich, und siehe, eine Tür war geöffnet im Himmel; und die erste Stimme, die ich gleich einer Posaune mit mir reden gehört hatte, sprach: Komm hier herauf, und ich will dir zeigen, was nach diesem geschehen muss!* (Offb 4,1 SLT).

Maria, die Mutter Jesu, war mit der Dimension der Ewigkeit vertraut. Sie verstand die Herrlichkeit, die auf Jesu Leben ruhte und Gottes Bestimmung für ihn. Sie war mit der Zeit und den Umständen, die die Zeit diktierte, unzufrieden. Sie erkannte, dass Jesus die Dimension der Herrlichkeit in sich hatte. Sie wusste, die Ewigkeit würde sich manifestieren, wenn sie etwas aus der Ewigkeit beanspruchen würde. Wenn Gott Ihnen etwas offenbart, braucht es noch eine Aktivierung. Diese Aktivierung wird eine Manifestation, eine Konkretisierung, bewirken. Maria stellte einen Anspruch an die Herrlichkeit.

Einen Anspruch an die Ewigkeit stellen

Geben Sie sich nicht mit weniger zufrieden. Begnügen Sie sich nicht mit dem Zweitbesten. Warten Sie nicht darauf, dass die Zeit vergeht, um Ihre Antwort zu bekommen. Vielleicht wird das, was Sie wirklich brauchen, ein ganzes Leben lang nie passieren. Ihre Situation ist womöglich so schwierig, dass auch ein ganzes Leben nicht für die Antworten bzw. Lösungen, die Sie brauchen, ausreichen würde. In der Dimension der Herrlichkeit genügt jedoch eine Berührung von Gottes Herrlichkeit und alles wird verändert. Beanspruchen Sie etwas von der Dimension der Herrlichkeit in Ihrem Leben.

Maria sprach: ***„Was er euch sagen mag, tut!“*** (Joh 2,5). Es geht nicht um die Zeit; es geht um die Ewigkeit. Tun Sie also, was immer die Ewigkeit Ihnen sagt. Jesus tat nur, was er den Vater tun sah (Joh 5,19; 12,49-50), und was er sagte, war einfach das, was ihm sein Vater zu sagen auftrug. Jesus sprach darüber, dass wir in das Ewige hineinschauen können und es herunterholen und auf der Erde freisetzen können. Tun Sie, was immer die Herrlichkeit Ihnen aufträgt. Sagen Sie, was immer die Herrlichkeit Ihnen sagt. Bringen Sie zum Ausdruck, was immer die Herrlichkeit zum Ausdruck bringen will. Schämen Sie sich nicht bzw. haben Sie keine Angst vor der Herrlichkeit Gottes.

Vor langer Zeit beschloss ich, dass ich mich der Herrlichkeit nie schämen bzw. darüber verlegen werden würde. Es kommt nicht darauf an, was irgendjemand denkt. Manche Leute denken, ich sei verrückt. Sie sagen, ich sei von Dämonen besessen. Sie sagen, ich sei ausgeflippt, ein Betrüger oder ich betriebe Zauberei. Sie sagen, ich sei ein Anbeter Satans. Aber es kümmert mich nicht. Ich weiß, wer ich bin, und noch besser, ich weiß, wer Gott ist! Also tun Sie einfach, was er Ihnen sagt.

Was geschah, als die Diener das taten, was Jesus ihnen gesagt hatte? Das Wasser wurde zu Wein. In der Bibel steht, dass dieses Ereignis der Beginn des Wunderdienstes Jesu war. Warum? Weil es nicht um die Zeit ging, sondern um die Ewigkeit. Jesus sagte: ***„Meine Zeit ist noch nicht gekommen“*** (Joh 2,4). Das spielt keine Rolle. Es geht nicht um die Zeit. Wenn Sie merken, dass die Dimension der Ewigkeit gegenwärtig ist, drängen Sie hinein, und plötzlich wird die Tür zu Gottes Segensstrom aufgehen. Halleluja!

Dies geschah auch in meinem eigenen Leben. Als ich eine Berührung von Gott bekam, beförderte sie mich in meine Bestimmung hinein! Sie brachte mich für die Zukunft in die richtige Position. Ich warte nicht mehr darauf, dass etwas geschehen würde. Als ich eine Berührung von der Ewigkeit bekam, geschah es JETZT. Der Herr begann mir zu zeigen, wie man Klavier spielt und lehrte mich die Zusammenhänge von Lobpreis, Anbetung und Herrlichkeit! Diese Berührung beförderte mich in meinen Dienst hinein und zudem in fast vierzig Nationen auf der ganzen Welt! Wenn Sie Ansprüche an die Ewigkeit stellen, werden auch Sie vorwärtsbefördert werden – vorwärts in das hinein, was Gott für Sie bereithält.

**Wenn Sie merken,
dass die Dimension der Ewigkeit gegenwärtig ist,
drängen Sie hinein,
und plötzlich wird die Tür zu Gottes Segensstrom aufgehen.**

Als die Jünger taten, was Jesus angeordnet hatte, verwandelte sich das Wasser plötzlich in übernatürlichen Wein! Das war vorher noch nie passiert! Es war so großartig, dass der Speisemeister der Hochzeitstafel völlig verdutzt war, dass dieser Spitzenwein bis zum Schluss aufgespart worden war. Vor dieser Zeit hatte Jesus in seinem irdischen Dienst noch nie ein Wunder gewirkt. Was hatte diesen Ausbruch von Wundern ausgelöst? Sie müssen diese Offenbarung mit Ihrem Geist erfassen: Gehorsam gegenüber Gottes Anweisungen wird Sie aus der Zeit heraus- und in die Dimension des ewigen Segens hineinnehmen. Als die Jünger den Anweisungen Jesu gehorchten, schuf dies ein übernatürliches Portal von Segen und bewirkte, dass die Wirklichkeit des Himmels zur Wirklichkeit auf der Erde wurde. Es war die Dimension der Herrlichkeit, die in die irdische Dimension hereingebrochen war. Es ist Gottes Wunsch, Sie weit über Ihr Alter hinauszubringen – über Ihre natürlichen Fähigkeiten und Ihr Verständnis, über Ihre irdische Ausbildung und Ihre Erfahrung hinaus –, Sie müssen jedoch bereit sein, auf seine Stimme zu hören und zu tun, was immer er Ihnen aufträgt. Gott weiß, wie er das Wunder zu Ihnen kommen lassen kann, aber Sie müssen bereit sein, es anzunehmen!

Denn unser Leben hier auf der Erde ist ein Leben des Glaubens, noch nicht ein Leben des Schauens (2 Kor 5,7 NGÜ).

Ein Gebet für Sie

Vater, im Namen Jesu danke ich dir für deine Dimension der Ewigkeit, die mit Offenbarungswissen, unbegrenzten Wundern und endlosem Potential gefüllt ist. Gerade jetzt bitte ich dich, dass du uns über unsere Jahre der Erfahrung hinaus, über unser irdisches Verständnis hinaus eine Offenbarung deiner Herrlichkeit gibst. Herr, wir sehnen uns danach, dass sich deine Wunder hier auf der Erde zeigen, so wie sie im Himmel bereits existieren. Wir bitten dich um deine göttliche

Weisheit, deine Führung, deinen Rat und dein Licht, das uns in deine Wege und deine Wahrheit hineinführt.

Heiliger Geist, wir laden dich ein, uns ungewöhnliche Anweisungen zu geben, die zu ungewöhnlichen Ergebnissen führen. Wir sind mit dem Status quo nicht zufrieden, sondern wollen dich besser kennenlernen. Wir bitten dich, dass du uns über unser Alter, über unsere natürlichen Fähigkeiten hinauswachsen lässt und wir in immer größerem Ausmaß von dir gebraucht werden. Lehre uns, trainiere uns, sprich zu uns und leite uns an. Wir wollen deine Herrlichkeit auf Erden offenbarmachen. In Jesu Namen. Amen.

Kapitel 5

Die Wiedererstattung der Jahre

Gott sprach zu seinem Volk:

> *Und ich werde euch die Jahre erstatten, die die Heuschrecke, der Abfresser und die Heuschreckenlarve und der Nager gefressen haben, mein großes Heer, das ich gegen euch gesandt habe* (Joel 2,25).

Ich finde es einfach toll, dass Gott uns nicht nur die Jahre wiedererstattet, die die Heuschrecke – oder eine andere zerstörerische Macht – gefressen hat, sondern uns auch zusichert, dass er sich um ***jede*** Art von zerstörerischen Mächten, die in unser Leben kommen, kümmern wird – um die großen, die kleinen und auch jene, die in Schwärmen kommen!

Lobpreisen Sie sich Ihren Weg zur Wiederherstellung

Wiederherstellung ist immer mit Lobpreis verbunden. Lobpreis wird etwas in Ihrem Leben bewirken, was sonst niemand tun kann, denn anstatt sich auf Ihre Probleme zu konzentrieren, fangen Sie an, sich auf die Antwort – Jesus Christus! – zu konzentrieren.

In Psalm 34,2(SLT) sagt der Psalmist David:

> *Ich will den Herrn allezeit preisen; nie will ich aufhören, ihn zu rühmen.*

Dieses Wort *preisen* bedeutet auch schätzen oder bewerten. Wissen Sie, was eine Schätzung ist? Eine Schätzung ist, wenn jemand Ihnen sagt, wie viel etwas wert ist. Die Schätzung gibt einer Sache einen Wert.

Wenn das Wort *preisen* vom Wort für schätzen abgeleitet ist, bedeutet das für mich, dass Gott einen Lobpreis in uns hineinlegen will, der seinen Wert zum Ausdruck bringt. Unser Lobpreis sollte seine Herrlichkeit, seinen Namen wertschätzen.

Ich möchte Ihnen über Lobpreis Folgendes sagen: Im jetzigen Augenblick können Sie Gott mehr preisen als heute morgen, denn es gibt immer etwas Neues, das Gott getan hat. Die Herrlichkeit Gottes befindet sich in ständiger Entfaltung.

Die Bibel spricht über die erstaunlichen vier lebendigen Wesen in der himmlischen Dimension. Diese Kreaturen sind mit Augen und Flügeln bedeckt und umkreisen seit ihrer Erschaffung den Thron Gottes. Ihre Augen sind offen, damit sie seine Schönheit und Majestät betrachten und die Offenbarung des Himmels sehen können. Tag und Nacht, Nacht und Tag, umkreisen sie den Thron. Und das Einzige, was sie sagen können, ist: „Heilig, heilig, heilig!“

Alles, was sie sehen können, ist seine Schönheit, und alles, was sie sagen können, ist: „Heilig, heilig, heilig!“ Jedes Mal, wenn sie den Thron umrunden, sehen sie etwas anderes von Gott, das sie vorher nicht bemerkt haben. Dann umrunden sie ihn wieder und eine weitere Eigenschaft seines Charakters, eine andere Seite seiner Gegenwart und ein anderes Element seines Wesens fällt ihnen in die Augen. Und sie fangen an zu erkennen und zu wissen, wann die Offenbarung kommt.

Gott möchte, dass die Offenbarung von ihm im Leben eines jeden Gläubigen zunimmt. Er wünscht sich, dass wir in der Offenbarung seiner Erkenntnis wachsen. Manche von Ihnen kennen ihn als Retter, er aber möchte nun, dass Sie ihn auch als Versorger kennenlernen. Und manche kennen ihn als Versorger, er möchte aber, dass sie ihn nun als Heiler kennenlernen. Manche von uns kennen ihn als Heiler, er sagt jedoch: „Ich bin der, der mit Heiligem Geist tauft.“ Und einige kennen ihn als den, der mit Heiligem Geist tauft, er sagt jedoch: „Ich möchte, dass du mich als deinen Schutz kennenlernst.“

Es gibt immer etwas Neues zu erkennen und etwas Neues zu lernen. Wenn wir die Haltung einnehmen, alles zu wissen und zu kennen, kann ich Ihnen sagen: In Wirklichkeit haben wir noch gar nichts gesehen. In Wirklichkeit kennen und wissen wir überhaupt nichts, da er so überwältigend und so gewaltig ist!

Der Psalmist David sagte: ***„Ich will den Herrn allezeit preisen."*** Dies ist ein Lobpreislied. Ich kann nicht aufhören, Gott heute zu preisen, da es bald wieder etwas Neues gibt, das ich sehen werde. Ich kann ihm nicht einfach nur diesen Lobpreis geben, den ich ihm gerade gebe, denn in ein paar Minuten gebe ich ihm einen anderen Lobpreis, wenn ich etwas über ihn erkennen werde, was ich noch nie vorher erkannt habe. Es gibt etwas, das aus meinem Innern hervorsprudelt, weil er so gut und so herrlich ist. Es ist ein Lobpreis, der ständig auf meinen Lippen sein wird.

Ich kann ihm nicht einfach nur diesen Lobpreis geben,
den ich ihm gerade gebe,
da ich ihm in ein paar Minuten einen anderen Lobpreis gebe,
wenn ich etwas über ihn erkennen werde,
was ich noch nie vorher erkannt habe.

David fährt fort:

> *In dem HERRN soll sich rühmen meine Seele; hören werden es die Sanftmütigen und sich freuen. Erhebt den HERRN mit mir, lasst uns miteinander erhöhen seinen Namen!* (Ps 34,3-4).

Wissen sie, Ihr Lobpreis „hat was". Sie preisen ihn nicht wegen dem, was Sie gerade durchleben, sondern wegen dem, wer Gott ist, was er getan hat und noch tun wird. Da ist etwas in Ihrem Lobpreis, was wie ein Vergrößerungsglas wirkt. David sagte: ***„Erhebt den HERRN mit mir."***

Lobpreis erhebt Jesus

Als ich in den Kindergarten ging, starb mein Urgroßvater. Er hatte für meinen Bruder, meine Schwestern und mich ein wunderschönes Karussell gebaut und es vorne in seinen Vorgarten gestellt. Es war ein großes, vollständiges Karussell. Er bemalte die Verkleidung mit verschiedenen Kinderreimen und während es sich drehte, spielte es Gospellieder von Schallplatten. Er dachte, dies sei eine Möglichkeit, die ganze Nachbarschaft zu evangelisieren. Die Leute würden auf dem Karussell mitfahren wollen und wenn sie aufstiegen, würden sie Gospelmusik hören.

Dieses Karussell, das den ganzen Vorgarten einnahm, hatte er für uns gebaut. Jedes Mal, wenn wir ihn besuchten, setzte er uns in das Karussell und gab uns einen großen Becher Eiscreme. Und wir saßen einfach da und drehten uns immer wieder und waren sehr stolz auf unseren Urgroßvater.

Als er starb, war ich wirklich traurig. Einige meiner Verwandten sagten zu mir: „Du kannst in das Haus deines Urgroßvaters gehen und dir aussuchen, was du willst.“ Ich versuchte darüber nachzudenken, was mich an ihn erinnern würde. Ich fand diesen winzig kleinen Hammer, den er dazu benutzte, um die empfindlichen Teile des Karussells zu bauen. Also suchte ich mir den Hammer aus und sagte: „Ich möchte das.“

Etwas anderes, was mein Urgroßvater tat, war, dass er immer die Zeitung las. Nicht nur das, sondern er dachte auch, die Zeitungen würden später noch etwas wert sein, weshalb er sie nie wegwarf. Wenn er mit dem Lesen fertig war, räumte er sie weg, bis sich überall in seinem Haus Zeitungen stapelten. Zum Lesen benutzte er immer ein Vergrößerungsglas.

Damals war ich im Kindergarten und konnte noch nicht gut lesen. Ich nahm jedoch dieses Vergrößerungsglas und fand heraus, dass man damit Sachen machen konnte, die nichts mit Bildung oder Lesen zu tun hatten. Ich weiß noch, dass ich es eines Tages mit in den Schulhof nahm. Ich schmuggelte es in meinen Rucksack hinein. Als ich alle Kinder um mich geschart hatte, zog ich es heraus und hielt es in die Sonne. Wir fingen an, Dinge zu verbrennen. Arme kleine Käfer! Ich hatte herausgefunden, dass das Vergrößerungsglas das Sonnenlicht wie zu einem Laser bündeln konnte.

David sprach: ***„Erhebt den HERRN mit mir.“*** Er will uns damit Folgendes sagen: Wenn wir Gott preisen, beginnen wir das zu vergrößern, was wir preisen. Wenn Sie anfangen, den Herrn zu preisen, „vergrößern“ Sie den Herrn. Sie drücken damit aus, dass er größer als Ihre Schwierigkeiten, größer als Ihre Umstände und größer ist als das, was Sie heute durchmachen.

Und wenn Sie anfangen, den Herrn durch Lobpreis zu „vergrößern“, beginnt sein Licht auf Ihr Leben zu scheinen, und bestimmte Dinge werden in den Fokus gerückt. Ihr Lobpreis wird das Licht seiner Herrlichkeit auf Ihr Leben scheinen lassen und die Dinge, die nicht von Gott sind, die vom Feind kommen, wegbrennen – alle diese finsteren Stellen.

Lobpreis „vergrößert“ Gott, der das Licht ist, das auf uns herabscheint. Sein Licht trifft das Vergrößerungsglas unseres Lobpreises und rückt bestimmte Dinge in den Brennpunkt. Was bewirkt das? Es bewirkt, dass Sie vielleicht geheilt und freigesetzt werden. Zwischen Ihrem Lobpreis und der Heilung, die Gott Ihnen schenken möchte, besteht ein Zusammenhang, ebenso wie zwischen Lobpreis und den Wundern Gottes und auch zwischen Lobpreis und dem Empfangen von Gott.

Lukas 17 erzählt uns die Geschichte von den zehn Aussätzigen. Es heißt, dass sie das Dorf verlassen mussten, weil sie Aussatz hatten. Aber dann kam Jesus.

> *Und es geschah, als er nach Jerusalem reiste, dass er mitten durch Samaria und Galiläa ging. Und als er in ein Dorf einzog, begegneten ihm zehn aussätzige Männer, die von fern standen. Und sie erhoben ihre Stimme und sprachen: Jesus, Meister, erbarme dich unser!* (Lukas 17,11-13).

Sehen Sie, Jesus war ihre einzige Hoffnung. Die medizinische Wissenschaft hatte sie weggeschickt. Die Ärzte hatten sie abgewiesen, und auch die Leute – sogar ihre Familien – hatten sie abgewiesen. Die einzige Hoffnung, die sie noch hatten, war, dass Jesus etwas tun würde.

Manche von Ihnen, die dies gerade lesen, befinden sich in einer solchen Situation: Alle haben Sie abgewiesen. Die Ärzte und die Medizin haben gesagt, dass es kein Mittel dafür gibt, keine Hilfe mehr für Sie. Ich aber sage Ihnen Folgendes: Jesus Christus, den König der Herrlichkeit, den König der Gerechtigkeit, den König der Könige und den Herrn der Herren, ihn gibt es wirklich. Er möchte Sie heilen, sogar während Sie dieses Buch lesen. Lassen Sie nicht zu, dass er an Ihnen vorübergeht. Strecken Sie sich nach ihm aus und berühren Sie ihn – so, wie die Frau mit dem Blutfluss, die alle die Jahre körperlich gelitten hatte. Sie bekam mit, dass Jesus gerade vorbeikam, und erkannte, dass er ihre einzige Hoffnung war. Sie drängte sich durch die Menge; sie schob sich durch die Hindernisse, die ihr den Weg versperrten. Sie berührte den Saum seines Gewandes und er drehte sich um, weil er spürte, dass eine Kraft von ihm ausgegangen war. Und er sprach: „Frau, dein Glaube hat dich geheilt."

Ihr Lobpreis ist der Klang des Glaubens. Ihr Lobpreis ist ein Klang des Sieges. Wenn alles andere versagt, können Sie immer noch Gott preisen. Wenn die Medizin versagt, wenn die Seelsorge versagt, wenn du deine Finanzen nicht auf die Reihe bekommst, gibt es immer einen Lobpreis, den Sie bringen können. Halleluja!

Ihr Lobpreis ist der Klang des Glaubens.
Ihr Lobpreis ist der Klang des Sieges.
Wenn alles andere versagt,
können Sie immer noch Gott preisen.

Lobpreis setzt Heilung frei

Jesus kam an den zehn Aussätzigen vorbei. Diese riefen: *„Jesus, Meister, erbarme dich unser!"* In Vers 14 steht: *„Und als er sie sah, sprach er zu ihnen: Geht hin und zeigt euch den Priestern!"*

Jesus sprach das Wort. Und ich möchte Ihnen sagen: Wenn Gott ein Wort spricht, wird dieses Wort alles verändern. Ein Wort von Gott kann Ihr ganzes Leben vollständig verändern. Ein Wort von Gott kann Sie vom Ort der Verzweiflung an den Ort des Segens und des Überflusses befördern. Ein Wort von Gott wird Sie aus dem Schmutzloch, aus der schlammigen Grube holen und Ihre Füße auf den Felsen des Lebens stellen. Jesus ist gekommen, um Ihnen Leben zu geben, und zwar ein Leben in Fülle.

Er sagte: ***„Geht und zeigt euch den Priestern!"*** Er sprach das Wort. Sie hörten das Wort einfach und gehorchten ihm, heißt es. Sie zeigten sich den Priestern. Und als sie dem Wort gehorsam waren, wurden sie gereinigt. Und ich möchte, dass sie das in Ihrer Bibel unterstreichen. Nehmen Sie jetzt gleich Ihre Bibel und unterstreichen Sie diese Stelle. Es steht, dass sie gereinigt wurden! In manchen Übersetzungen heißt es, dass sie geheilt wurden. Wie viele von ihnen wurden geheilt? Alle! Alle zehn! Wovon wurden sie geheilt? Sie wurden vom Aussatz bzw. von Lepra geheilt.

Was ist Lepra? Es ist eine Krankheit, die die Gliedmaßen und das Nervensystem einer Person angreift. Lepra macht den ganzen Körper gefühllos. Ein Leprakranker kann die Berührung eines Anderen nicht spüren. Er kann nicht einmal seine eigenen Finger und Zehen spüren noch seine Arme, seine Nase oder seine Hände. Die Gliedmaßen des Körpers werden ganz gefühllos.

Deshalb passiert es, dass leprakranke Menschen ihre Finger, ihre Zehen, ihre Ohren und andere Körperteile verletzen. Manchmal verbrennen sie sich. Manchmal klemmen sie sich ihre Finger in der Tür ein bzw. lassen etwas auf ihre Füße fallen.

Der Schaden, der dabei an den Extremitäten entsteht, kann so ernst sein, dass diese abfallen bzw. abzufaulen beginnen. Es sind tote Fleischstücke, die noch immer an einem lebenden Körper dran sind. Leprakranken fehlen häufig einige Finger oder Zehen. Manchmal verlieren sie ihre Nase oder andere Teile ihres Körpers. Warum? In der Bibel steht, dass der Feind gekommen ist, um zu stehlen, zu schlachten und zu verderben (Joh 10,10). Das ist das Werk des Feindes.

Wir waren schon einmal in Indien und haben dort Leprakranke gesehen und was die Lepra ihren Körpern angetan hat. Manchmal fehlen ihnen alle Finger, alle Zehen und die Nase. Einfach weg! Diese Leute liegen dann auf einer Pappkartonmatte mitten auf der Straße, um zu sterben. Denken Sie mal einen Moment lang darüber nach!

Jesus aber sprach – in seiner Macht und wunderwirkenden Kraft, die auf ihm ruhte – das Wort und diese Männer gehorchten dem Wort. Es muss für sie schwierig gewesen sein, hinzugehen. Wenn ihnen Zehen fehlten, konnten sie vielleicht das Gleichgewicht nicht gut halten bzw. mussten kriechen. Wir wissen es nicht, da die Schrift uns nichts darüber berichtet. Was sie auch immer tun mussten, sie gehorchten dem Wort Gottes.

In der Bibel steht: ***„Und es geschah, während sie hingingen, wurden sie gereinigt."*** Wovon gereinigt? Sie wurden von Lepra gereinigt. Das Gefühl kehrte in ihren Körper zurück. Plötzlich begann Gott seine Heilungswirkung zu zeigen – der ganze Aussatz verschwand.

In Vers 15 heißt es weiter: ***„Einer aber von ihnen*** [Sie könnten diese/r Eine sein!] ***kehrte zurück, als er sah, dass er geheilt war, und verherrlichte Gott mit lauter Stimme."***

In diesem Vers steht das Entscheidende! Es heißt nicht, dass er mit einem schüchternen, leisen Dankeschön kam. In der Bibel steht, dass er zurückkam und Gott mit lauter Stimme pries! Er hatte erkannt, wer Jesus war und was er in seinem Leben getan hatte.

In der Bibel steht: ***„Ich bin ebenso in guter Zuversicht, dass der, der ein gutes Werk in euch angefangen hat, es***

vollenden wird bis auf den Tag Christi Jesu" (Phil 1,6), und ***„Jede gute Gabe und jedes vollkommene Geschenk kommt von oben herab"*** (Jak 1,17). Gott lässt Wunder geschehen. Gott setzt seine heilende Kraft frei.

Die Stimme der Dankbarkeit bewirkt Wiederherstellung

Vor ein paar Jahren dienten wir in einer Gemeinde in San Diego. Einer Frau in der Gemeinde hatte keine Zähne mehr. An einem Donnerstagmorgen besuchte sie ein Bibelstudium und Gebetstreffen für Frauen. Wissen Sie, was passierte? Sie bekam einen strahlend weißen Zahn in der Mitte. Er wuchs einfach nach: ein kleiner, perlweißer Zahn.

Manche Leute würden nun sagen: „Das sieht aber doof aus", oder: „Warum macht Gott so etwas? Warum hat er ihr nur diesen einen Zahn gegeben?" Ich habe auch schon Folgendes gehört: „Also, warum hat Gott den Leuten Goldzähne oder silberne Zähne gegeben, wo sie doch eigentlich weiße gebraucht hätten? Das wäre doch die natürliche Lösung des Problems." Ich sage Ihnen Folgendes: Mir ist es egal, ob Gott goldene, silberne, blaue, violette oder grüne Zähne gibt. Der Person mit dem Problem im Mund ist es auch egal. Sie freut sich einfach, dass ihre Zähne in Ordnung kommen!

Sind Sie nicht auch froh darüber, dass er Gott ist und nicht wir? Wenn wir Gott wären, würde wir womöglich sagen: „Nun, sie bzw. er hat dieses Wunder nicht verdient. Ich glaube nicht, dass er bzw. sie dies braucht." Gott ist so gut. Es gefällt ihm, seine Kinder zu segnen. Ich kann Ihnen sagen, dass er im Moment ungewöhnliche Dinge tut und er wird noch Zeichen wirken, die uns staunen lassen und unsere Aufmerksamkeit erregen werden. Warum will Gott denn unsere Aufmerksamkeit? Zeichen sind dazu da, um uns darauf hinzuweisen, dass Jesus Christus als Person ganz nahe ist. Wenn Gott Zeichen wirkt, beginnen die Leute darüber nachzudenken! Sie können nicht mehr damit aufhören, darüber nachzudenken, was Gott gerade tut, was Jesus gerade sagt und warum er gerade gibt, was er gibt. Zeichen bewirken, dass wir unser Augenmerk auf Jesus Christus richten.

Wissen Sie, wenn er ihnen einfach einen weißen Zahn geben würde, würden Sie sagen: „Nun, das ist etwas Natürliches. Er ist einfach nachgewachsen." Ich glaube, dass Gott ungewöhnliche Dinge tut, damit wir uns auf ihn ausrichten und über ihn nachdenken. Seine Wege sind höher als unsere Wege, seine Gedanken höher als unsere Gedanken. Ich sage Ihnen: Wenn Gott Ihnen einen Mund voller Zähne geben will, muss er irgendwo damit anfangen.

Bei der Frau aus der Bibelgruppe fing er mit einem Zahn an, ganz vorne. Aber er ist treu und bringt sein Werk auch zu Ende. In der Bibel steht, dass nur einer der zehn Aussätzigen zurückkam und Gott mit lauter Stimme pries. Er warf sich Jesus zu Füßen und dankte ihm, und er war nicht einmal ein Jude, sondern ein Samariter.

Jesus fragte ihn in Vers 17: ***„Sind nicht die zehn gereinigt worden? Wo sind die neun?"*** Es steht nicht in der Bibel, was mit den anderen neun geschah. Als ich dies jedoch las, wurde mir etwas bewusst. Als Jesus sie von der Lepra heilte, wird uns nicht berichtet, ob sie alle ihre Finger und Zehen zurückbekamen. Es steht nicht da, dass sie ihre Zehen, ihre Nase bzw. ihre Ohren zurückbekamen. Es steht einfach, dass sie gereinigt wurden.

Mit anderen Worten: Die Lepra konnte nicht weiter fortschreiten. Vielleicht wurden sie gereinigt und konnten sagen, dass sie gereinigt wurden, aber es fehlten ihnen womöglich noch immer einige Finger. Vielleicht musste sich der Eine, der zurückkam, anstrengen, weil ihm immer noch einige Zehen fehlten. Vielleicht fehlten ihm Finger bzw. hatte er keine Ohren oder keine Nase mehr. Die Bibel führt dies nicht weiter aus. Er kam jedoch zu Jesus zurück und pries Gott mit lauter Stimme.

Manchmal denken Leute: „Nun, ich vermute, das ist alles, was Gott mir geben will. Ich denke, das ist das einzige Wunder, das er für mich hat." Wenn Gott Zeichen und Wunder wirkt, muss er irgendwo beginnen, und er wird bei Ihrem Lobpreis beginnen. Und wenn wir in die Himmel hineinsäen, wird Gott immer auf die Erde säen. Wenn wir einen Siegesschrei ausstoßen, kommt etwas aus dem Innern der Herrlichkeitswolke Gottes hervor.

Ein Mann kehrte zu Jesus zurück und lobte Gott mit lauter Stimme. Gott gefällt ihr lauter Lobpreis. Der Leprakranke warf sich Jesus zu Füßen. Er dankte ihm. Und Jesus sagte: ***„Sind nicht die zehn gereinigt worden? Wo sind die neun? Haben sich sonst keine gefunden, die zurückkehrten, um Gott Ehre zu geben, außer diesem Fremdling?“***

Gott wartet auf Ihren Lobpreis. Gott hält Ausschau nach einem Lobpreisklang. Da ist etwas in Ihrem Lobpreis, das die Atmosphäre verändert. Da ist etwas in Ihrem Lobpreis, das Welten bewegt, das die Wunder fließen lässt. Da ist etwas an Ihrem Lobpreis, das Zeichen und Wunder und die Herrlichkeit Gottes hervorkommen lässt. Jesus sagt: „Haben sich sonst keine gefunden, die zurückkehrten, um Gott Ehre zu geben, außer diesem Fremdling?“

Schauen Sie, was als Nächstes passiert: Jesus sagte zu ihm: „Steh auf.“ Warum sagte er das? Weil der Mann auf dem Boden lag. Er sagte: ***„Steh auf und geh hin! Dein Glaube ...“*** – Der Klang des Lobpreises, der Klang des Sieges – ***„hat dich gerettet.“***[1] Dein Glaube hat dich „ganz“ gemacht. Ganz gemacht! Dein Lobpreis hat dich ganz gemacht. Mit anderen Worten: Du bekommst jetzt deine Finger zurück. Sie wachsen nach. Deine Zehen kommen jetzt zurück. Schau deine Nase an, sie wächst nach. Du bist mit Lobpreis zurückgekommen und wirst ganz geheilt.

Lobpreis bringt Segen. Wo sind die anderen neun? Sie hatten angenommen, dies wäre alles, was sie bekommen würden. Nur eine Person sagte sich: „Gott ist mit mir noch nicht fertig. Gott will mich noch mehr segnen. Gott ist noch nicht fertig mit dem, was nur er allein tun kann.“ Er kam zurück

---

[1] In manchen englischen Bibelübersetzungen wird das Wort „ganz“ anstatt „gerettet“ gebraucht. Anmerk. d. Übers.

und lobte Gott und Jesus sagte: „Steh auf und geh; dieser Lobpreis, dieser Glaube, hat dich ganz gemacht."

Ihr Lobpreis bewirkt dasselbe. Er verändert die Atmosphäre. Ihr Lobpreis verändert sogar das Klima, die Temperatur und den Gesundheitszustand Ihres Körpers. Ihr Lobpreis verändert etwas in Ihrer Familie.

Preisen Sie Gott mit mir. Gott wirkt seine Zeichen und Wunder und Ihr Lobpreis holt den Segen zurück. Lobpreis holt das zurück, was Ihnen der Feind zu stehlen versuchte. Manch einem von Ihnen fehlen keine Finger oder Zehen, sondern Ihnen fehlen Familienmitglieder. Bei einigen von Ihnen sind es Bereiche Ihres Körpers, die Heilung benötigen, weil der Feind versucht hat, Sie zu bestehlen und Sie übers Ohr zu hauen. Ihr Lobpreis wird jedoch die Atmosphäre verändern.

Preisen Sie Gott mit mir.
Gott wirkt seine Zeichen und Wunder
und Ihr Lobpreis holt den Segen zurück.
Lobpreis holt das zurück,
was Ihnen der Feind zu stehlen versuchte.

Manche von Ihnen schauen auf ihr Bankkonto und sagen: „So sollte es nicht sein. Gott, ich brauche ein Wunder." Erheben Sie diese Stimme des Lobpreises. Erheben Sie diese Stimme des Glaubens. Jesus sagt immer noch: „Gibt es niemanden, der zurückkommt und Gott die Ehre gibt? Gibt es niemanden, der Gott dankt?"

Ein Zeugnis von Wiederherstellung

Am Schluss dieses Buches möchte ich Ihnen noch ein ermutigendes Zeugnis von Gottes Fähigkeit mitteilen, das wiederherzustellen, was verlorengegangen ist – egal, um was es sich dabei handelt.

In der Zeit, in der wir unsere Büros in Palm Springs, Kalifornien, einrichteten, konnte ich weder meinen Ehering noch den Ring für den kleinen Finger noch meine Uhr finden. Ich suchte überall im Haus und auch meine Frau und mein Sohn schauten überall nach. Wir konnten sie einfach nicht finden. Ich rief meine Sekretärin an und bat sie, im Büro in Kanada nachzusehen. Nirgends wurde etwas gefunden. Ich musste Kanada ohne diese Wertgegenstände verlassen.

Wir zogen am neuen Ort ein und alles war wunderbar – außer dem Umstand, dass wir unsern Hochzeitstag hatten und ich meinen Ehering nicht finden konnte. Janet Angela und ich gingen aus, um zu feiern und genossen es, ich hatte jedoch keinen Ehering. Ich fühlte mich schrecklich.

Am darauffolgenden Nachmittag ruhte ich mich im Wohnzimmer für einen Abendtermin aus. Janet Angela erledigte einige Dinge und unser Sohn Lincoln schaute sich gerade Zeichentrickfilme an. Dabei schlief ich ein und träumte, ich sei in unseren Büros in Kanada. In diesem Traum bekam ich ein Wort der Erkenntnis: die Ringe und die Uhr, nach der ich gesucht hatte, lagen in Kanada ganz hinten im Briefkasten. Immer noch träumend ging ich diesem Wort der Erkenntnis nach und schaute im Briefkasten nach. Ich fand meinen Ehering und zog ihn an. Ich fand ebenso den Ring für meinen kleinen Finger und zog ihn an. Auch meine Uhr fand ich und zog sie an.

Plötzlich wurde der Fernseher lauter und ich wurde aus meinen Traum gerissen. Ich war irritiert und wandte mich an Lincoln, er solle den Fernseher leiser stellen. Plötzlich fiel mein Blick auf meine Hand. Ich trug meinen Ehering, meinen kleinen Ring und auch meine Uhr – hier in Kalifornien. Im Natürlichen war ich nirgendwohin gegangen. Ich saß immer noch auf meinem Sessel in Palm Springs. Ich hatte einen Traum und Gott kam in meine Gedanken hinein. Ich erlebte einen himmlischen „Download", in dem Gott mir Worte der Erkenntnis gab. Im Geist ging ich dorthin und bekam sowohl meinen Ehering als auch meinen kleinen Ring und meine Uhr zurück. Ich war so was von begeistert! Halleluja!

Etwas später lehrte ich in Phönix und gab Zeugnis darüber. Viele Leute wurde gesegnet und ermutigt, Gottes ungewöhnliche Wunder zu erleben. Ich kam spät nach Hause, packte meine Tasche aus, wusch meine Wäsche und packte dann erneut meine Koffer, da ich am nächsten Morgen nach Iowa City fahren sollte. Am nächsten Morgen dann, als ich meine Ringe anziehen wollte, fehlte mein kleiner Ring! Mir fiel ein, dass ich ihn versehentlich auf dem Nachtkästchen im Hotel in Phönix liegengelassen hatte. Ich ärgerte mich sehr darüber. Ich bat Janet Angela, im Hotel anzurufen und nachzuschauen, ob sie ihn finden und zu uns schicken konnten. Das war schließlich mein Wunderring!

Ich kam in Iowa an und rief Janet an. Sie berichtete mir, dass sie mit dem Hotel gesprochen hätte, sie aber den Ring nicht finden konnten. Ich sagte: „Nun, dann ruf sie nochmals an und bitte sie, alle Zimmermädchen zusammenzurufen. Sie sollen alle wegen dem Ring zur Rede gestellt werden, da ich ganz sicher weiß, wo ich den Ring liegengelassen habe – auf dem Nachtkästchen direkt neben dem Bett." Also rief sie das Hotel nochmals an und sie riefen freundlicherweise alle Zimmermädchen zusammen. Sie sprachen mit allen; jedes von ihnen verneinte, den Ring gesehen zu haben. Niemand hatte den Ring. Vielleicht hatte eine von ihnen das Zimmer nicht sauber genug gereinigt und einer der nächsten Gäste hatte ihn gefunden.

Es ärgerte mich, denn er war mein Wunderring! Ich flog von Iowa nach Hause, holte Janet Angela ab und wir fuhren nach Los Angeles. Von dort nahmen wir ein Flugzeug auf die Fidschi-Inseln bevor wir nach Neuseeland flogen, um dort zu dienen. Während wir dienten, sprach Gott zu mir, ich solle das Zeugnis von den Ringen geben. Ich betete: „Gott, ich kann dieses Zeugnis nicht geben, da ich den kleinen Ring nicht habe. Was ist, wenn die Leute den Ring sehen wollen?" Aber Gott sagte, ich solle es tun, also tat ich es.

Tatsächlich sagten einige Leute nach dem Treffen: „Wo ist der Ring? Ich möchte den kleinen Ring sehen." Ich war ganz verlegen. Ich wollte ihnen nicht sagen, dass ich ein schlechter Verwalter des Wunders war. Ich hatte Glauben für einen anderen Traum, ein anderes Wort der Erkenntnis, irgendetwas im Geist, damit ich hingehen und ihn holen konnte. Aber ich träumte nichts.

So etwas passiert manchmal. Man glaubt an ein Wunder in einer bestimmten Form, aber es geschieht nicht auf diese Weise. Als mich nun die Leute fragten, wo der Ring sei, sagte ich: „Nun, ich hab ihn im Moment nicht dabei." In Wirklichkeit hatte ich ihn in diesem Augenblick ja tatsächlich nicht und dachte nicht, dass ich ihn jemals zurückbekommen würde. Dieser Ring war sogar noch spezieller für mich, da er als Erbe für meinen Sohn Lincoln bestimmt war. Ich durfte ihn nur tragen, bis er alt genug war, dass er auf seinen Finger passte.

Mir war über den Verlust schrecklich zumute und ich sprach mit Janet Angela darüber. Ich sagte zu ihr: „Wo könnte ich hingehen und eine neuen Ring bekommen, der nur halb so schön ist wie der Ring, den ich verloren habe?" Als ich darüber nachdachte, schlief meine Frau ein. Ich saß auf dem Bett und dachte darüber nach, wo man mir ein gutes Angebot machen könnte – vielleicht in einem Discount-Schmuckladen oder einem Großhandel. Aber ich wollte keinen anderen Ring. Ich wollte **diesen** Ring. Ich wälzte mich die ganze Nacht auf dem Bett umher. Am Morgen fühlte ich mich entmutigt und enttäuscht.

An diesem Morgen diente Janet Angela bei der Veranstaltung. Ich sagte zu ihr: „Ich werde nicht mitkommen. Ich bleib einfach in meinem Pyjama hier." Als ich im Bett lag und über den Ring nachdachte, kam mir ein Bild in den Sinn und ich richtete meine Aufmerksamkeit darauf. Ich sah ein klares Bild von einem Haus mit einer Eingangstür. Ich ging zur Tür und durch sie hindurch. Im Haus ging ich nach links und durch den Wohnzimmerbereich. Dann wandte ich mich nach rechts und ging durch die Küche und das Esszimmer. Ich ging wieder rechts und den Gang hinunter. Zu meiner Rechten konnte ich das Badezimmer sehen. Zu meiner Linken befand sich ein Schlafzimmer: Ich schaute in dieses Schlafzimmer hinein.

All dies spielte sich in meinem Kopf ab. Ich hatte keine geschlossene Vision. Es war weder ein Traum noch eine Trance. Es war nur ein Gedanke – ein Bild in meiner Vorstellung. Ich war mir voll bewusst, dass ich noch in Neuseeland war. Ich konnte die Vögel und auch die Autos draußen auf der Straße hören. Ich wusste, dass ich in meinem Pyjama im Hotel saß. Ich war mir all dieser Dinge bewusst und zur gleichen Zeit konzentrierte ich mich auf das Bild, das der Heilige Geist mir in den Sinn gab.

In meinen Gedanken schaute ich in dieses Schlafzimmer hinein und sah meinen Ring auf der Kommode liegen. Ich streckte meine physische Hand aus und griff nach dem Ring und sah mich auch in meinen Gedanken nach dem Ring greifen. Als ich den Ring in meinen Gedanken zu fassen bekam, spürte ich, wie etwas in meine physische Hand gelangte. In meiner Vorstellung griff ich danach und erlebte dabei die Vorstellung Gottes. Gott ging auf meine Gedanken ein. Er gab meinem Verstand einen „Download" von Bildern aus dem himmlischen Raum. Ich begann zu sehen, was er sah. Und ich begann zu tun, was er mir zeigte. Ich streckte mich aus und griff nach dem Ring. Ich spürte den Ring in meiner Hand. Während ich in Neuseeland saß, kam mein Ring aus Amerika. Mein Ring war in der Dimension der Herrlichkeit gereist! In der Herrlichkeit Gottes gibt es keine Entfernung, keinen Raum und keine Grenzen.

Als der Ring in meiner Hand war, schloss ich schnell meine Augen wieder und versuchte noch nach etwas anderem zu greifen. Aber ich konnte nichts mehr sehen. Die „Gedanken Gottes", die ich erlebt hatte, waren verschwunden.

Was passiert, wenn die Gedanken Gottes in die eigenen Gedanken kommen? Die Bibel macht deutlich, dass wir den Sinn Christi haben müssen (1 Kor 2,16; Phil 2,5). Er will die Gedanken des Himmels in Ihre Gedanken hineinfließen lassen. Er will Ihre Gedanken mit Herrlichkeit füllen. Er will, dass

Sie durch die Erneuerung Ihres Sinnes verändert werden (Röm 12,2). Wenn Ihr Sinn auf ihn gerichtet ist, wird er Ihnen vollkommenen Frieden geben (Jes 26,3). Gott möchte Ihnen eine „Wunder-Mentalität“ geben. Ich habe eine ganze Lehrreihe über dieses Thema und möchte Sie dazu ermutigen, sich dieses wunderbare Buch mit dem Titel „31 Days to a Miracle Mindset“ (In 31 Tagen zu einer Wunder-Mentalität) zu besorgen.[2]

Eine Frau in Neuseeland bekam mit, was ich mit Gott erlebt hatte, und war begeistert davon, da sie eine wunderschöne Brosche, ein Familienerbstück, verloren hatte, das einige zehntausend Englische Pfund wert war. Sie hatte diese Brosche vor zehn Jahren verloren, als sie noch in England lebte. Am Morgen, nachdem sie mein Zeugnis gehört hatte, wachte sie auf und öffnete ihre Kommode, an der sie jeden Morgen saß, um ihr Haar zu frisieren. Genau da, auf dieser Kommode, wo sie jeden Tag hinschaute, lag ihre wunderschöne Brosche. Gott hatte dieses Erbstück, den Familienschatz zurückgebracht. Das Erbe war wiedererlangt und wiederhergestellt worden!

Der Gott von Zeit und Ewigkeit

In der Bibel steht, dass Jesus gekommen ist, um alles zu suchen und zu retten, was verloren war (Lk 19,10). Der Vater sandte seinen Sohn aus der Ewigkeit in die Zeit, um das für uns zu vollbringen, was wir nie selbst hätten tun können. Für jene, die heute ihre Hoffnung auf ihn setzen, tut er das immer noch. Was sind Ihre Hoffnungen? Gott wird Ihnen dabei helfen, Ihre Zeit weise zu ***investieren***, damit Sie Frucht bringen, die bleibt. In Joh 15,16 (SLT) steht:

> *Nicht ihr habt mich erwählt, sondern ich habe euch erwählt und euch dazu bestimmt, dass ihr hingeht und Frucht bringt und eure Frucht bleibt, damit der Vater euch gibt, was auch immer ihr ihn bitten werdet in meinem Namen.*

---

[2] Liegt derzeit noch nicht in Deutsch vor (Stand: März 2017).

Gott hat Sie erwählt – er hat Sie dazu bestimmt – dass Sie hingehen und Furcht bringen, ewige Frucht. Gehen Sie in Jesu Namen hinaus und investieren Sie Ihre Zeit für das ewige Königreich.

Vergessen Sie nicht, dass es im Geist keine Beschränkungen gibt. In der Dimension der Herrlichkeit gibt es keine Grenzen.

- Sie können das Beste aus Ihrer Zeit machen!
- Die Zeit kann für Sie übernatürlich zurückgedreht werden!
- Sie können göttliche Gunst in Bezug auf die Zeit erleben!
- Sie können sich über Ihr Alter hinaus in den grenzenlosen Raum des Erfolgs hineinbewegen!
- Gott kann alles, was der Feind Ihnen zu stehlen versuchte, wiederherstellen!

Kontakt zum Autor:

www.NewWineInternational.org

Weitere Produkte von GloryWorld-Medien

„Himmlische Bücher für die Erde"

Joshua Mills, Atmosphäre

Gottes Gegenwart Raum verschaffen; 80 S.; Paperback

Wir Gott möchte, dass wir beständig in einer Atmosphäre seiner Gegenwart, seiner Herrlichkeit leben. Das hilft nicht nur uns selbst, unser volles Potenzial auszuschöpfen, sondern dient auch anderen Menschen, die mit uns in Berührung kommen.

Wie kommen wir in diesen Lebensstil hinein? Was bestimmt eine Atmosphäre? Wie sind Leib, Seele und Geist des Menschen daran beteiligt? Auf all diese Fragen geht der Autor ein und erklärt außerdem, welche Rolle Lobpreis und Anbetung, Schall und Licht, Farben, ein geordnetes Zuhause, Beziehungen oder eine Haltung der Großzügigkeit dabei spielen.

Wir dazu berufen, das geistliche Klima unserer Straße, Stadt und unseres Landes zu bestimmen. Gott hat uns die Fähigkeit gegeben, eine Kultur der Herrlichkeit zu schaffen.

Kevin Basconi, Mit den Engeln tanzen (Band 1)

Die Grundlagen: Gottes Engel erkennen, einladen und beauftragen; 240 S.; Paperback

Mit diesem Buch stellt uns Kevin Basconi eine inspirierende, biblisch fundierte und praktische Anleitung zur Verfügung, wie ganz normale Gläubige mit Engeln zusammenarbeiten und sie sogar beauftragen können, um den Willen Gottes auszuführen.

Das Buch ist eine großartige Hilfe für die Gemeinde, um sie auf die Zeit der Ernte vorzubereiten, in der Engel eine tragende Rolle spielen werden, und sie für die bevorstehenden Heilungserweckungen zuzurüsten.

David Herzog, Geheimnisse der Herrlichkeit

Wie Gott sein Volk auf die Endzeit vorbereitet; 184 S.; Pb.

Wir erleben heute erste Anzeichen der größten von Zeichen und Wundern geprägten Erweckung seit der Apostelgeschichte. Die Herrlichkeit Gottes manifestiert sich auf der Erde immer stärker. Damit einher gehen neue Erkenntnisse und eine große Ernte von Menschen, da jede große Bewegung Gottes naturgemäß auch eine neue Ernte nach sich zieht.

David Herzog erklärt, wie in dieser neuen Bewegung Gottes neben ungewöhnlichen und kreativen Wundern (einschließlich Totenauferweckungen, geografischem Versetztwerden und Besuchen von Engeln) auch andere Dinge zur Erfüllung kommen wie die Rückkehr zu unseren hebräischen Wurzeln und die Einheit im Leib Christi.

Jonathan Welton, Die Schule der Seher

Eine praktische Anleitung, wie man ins Unsichtbare hineinsehen kann; 224 S.; Pb.; Vorwort von Randy Clark

Viele Christen haben angefangen, übernatürliche Phänomene zu erleben: Träume, (offene) Visionen, Engel oder Dämonen. Aber es mangelt ihnen an solider biblischer Lehre und sie sind zu dem geworden, was man als *Seherwaisen* bezeichnet: Sie suchen verzweifelt nach jemandem, der sie trainiert, ermutigt und freisetzt.

Das Ziel von Jonathan Welton war deshalb, ein praktisches Handbuch herauszubringen, das den Leib Christi mit den Informationen ausrüstet, die notwendig sind, um in der Dimension des Prophetischen bzw. des Sehers zu wachsen und im Leben im Übernatürlichen Reife zu erlangen.

Barry & Lori Byrne, Liebe in der Ehe

Eine tiefere geistliche, emotionale und körperliche Einheit erleben; Vorwort von Bill Johnson; 334 S., Klappenbroschur

Gott möchte, dass die Ehe ein Ort echter Liebe und Vertrautheit ist. Dafür brauchen wir die Hilfe des Heiligen Geistes. Mit ihm können wir die Ursachen unserer Konflikte erkennen und überwinden. Unsere Ehe kann Heilung und Wiederherstellung erfahren, egal, wie der momentane Zustand ist. Mit klarer biblischer Lehre und vielen praktischen Hilfen packen die Autoren die wichtigsten heißen Eisen an. Viele ermutigende Erfahrungsberichte verdeutlichen die dramatische Heilung und Intimität, die mit Gottes Hilfe möglich ist.

Paul Manwaring, Die Herrlichkeit Gottes

Was sie ist und wie unser Leben davon geprägt sein kann

260 S.; Paperback; Vorwort von Bill Johnson.

Gott hat eine Leidenschaft: Er möchte, dass wir seine Herrlichkeit kennen, und zwar schon hier auf Erden!

Paul Manwaring, der Leiter des apostolischen Netzwerk der Bethel Church, beschreibt seinen Weg in dieses Verlangen Gottes hinein. Er verfolgt die Spuren der Offenbarung von Gottes Herrlichkeit durch die Bibel hindurch und lädt uns ein, Moses Wunsch an Gott zu folgen: „Zeige mir deine Herrlichkeit." „Dies könnte das ermutigendste Buch sein, das Sie je lesen werden" (Bill Johnson).

Bestellen Sie im Buchhandel oder direkt beim Verlag:

GloryWorld-Medien | Beit-Sahour-Str. 4 | D-46509 Xanten
Fon: 02801-9854003 | Fax: 02801-9854004 | info@gloryworld.de

Aktuelles, Leseproben, Downloads & Shop: **www.gloryworld.de**